小学校長のための入学式・卒業式&行事のあいさつ集

小学校スクール
マネジメント研究会
編

明治図書

序章　自分の言葉で聞き手に語りかける

1　長い話「校長先生のようだ」

２０２４年のパリオリンピックで、日本選手団は過去最多のメダル（金20・銀12・銅13）を獲得し、会場でも熱い声援を受けました。前回大会の「東京２０２０オリンピック」は、新型コロナウイルス感染症の世界的な流行のため、1年延期して開催されました。こちらは無観客での開催でしたが、世界中のアスリートの活躍からたくさんの元気をもらいました。

一方、東京オリンピックで、競技とは別の場面であることが話題になったのを覚えていますか。

7月23日の開会式において、橋本会長が約7分間、バッハ会長が約13分間、2人合わせて約20分間話し続けたことで、インターネット上では、話が長いことを「校長先生のようだ」などと揶揄する声が上がったのです。

また、SNSでは、閉会式で日本選手団がスピーチをしっかりと聞いていた様子を「これは学生時

代に校長先生に鍛えられた成果だ」というような発言もありました。

これらの報道や発言を聞いて、世の中の校長は何を思ったでしょうか。

話が長い。早く終わってほしい。でも、しっかり聞かないと叱られるから我慢する…。

世間一般の「校長先生のあいさつ」のイメージは、まさにこれなのです。特に不評なのは、話が長いことです。**どれだけよい内容を準備したとしても、「校長先生の話は長い」という印象だけが残り、肝心の中身が聞き手の心には響きません。**

校長であるあなたの話は、どうですか。時間を意識して話していますか。長過ぎませんか。子どもたちは、ひたすら我慢して話を聞いていませんか。

ぜひ、自問してみてください。

2　時間と文字数を意識する

一部の行政出身者や民間人校長を除けば、校長は前職として教頭を経験しています。教頭になると、職場やPTAの懇親会（要するに飲み会）で乾杯の発声を担当することが多くなります（最近は飲み会も減ってきていますが）。

私の教頭時代の乾杯のあいさつは、参会者から好評でした。理由は簡単です。短いからです。

例えば、年度はじめの新任職員の歓迎会。

「出会いの喜びを込めて。乾杯！」

これだけです。時間にして、５秒程度でしょうか。

年度末の送別会では、こう話します。

「惜別の想いを込めて。乾杯」

乾杯前の長い話ほど嫌なものはありません。せっかくグラスに注いだビールの泡も消えてしまいます。人にされて嫌なことはしない。これが基本です。

もちろん、校長のあいさつが5秒というわけにはいきません。けれども、伝えるべきことを端的に伝えるという原則は同じです。あいさつは、内容よりもその印象が強く残ります。だからこそ、「校長先生の話は、短くてわかりやすい」という好印象を聞き手に与えたいものです。

校長は、校外での式典や催しなどに来賓として招かれ、祝辞を依頼されることがあります。来賓祝辞は、来賓（＝お客様）を代表してのあいさつです。自分が主役ではありません。ですから、長い話は禁物です。最大でも３分、できれば2分程度にまとめるのがスマートです。

一般的なスピーチは、１分間で３００字程度と言われています。４００字詰め原稿用紙で３／４ページ分です。原稿用紙2枚（８００字）の文章量だと2分40秒のスピーチになります。流暢に話せば2分半かからないでしょうから、ちょうどよい長さです。

実際には、原稿用紙に手書きで自分のスピーチ原稿を書いている校長は、ほとんどいないと思います。皆さん、パソコンを使用していることでしょう。ワードのＡ４判規定のページ設定は、40字×36行です（フォントサイズ10・５）。文字数は、１４４０字です。この原稿を全部話すには、約４分40秒必要です。２分半に話をまとめるとすれば、この半分程度の文章量が適当です。原稿を書いてみると、意外と少ない量だと感じるかもしれません。自分の持ち時間（２分半）と文章量（８００字）を意識して原稿を準備するのなら、書式を最初から40字×20行に設定するのがおすすめです。行間の余白に余裕が生まれるので、後で必要な言葉などを書き加えるのにも便利です。

3　時間をいただいたことに感謝

校長は、校内においてもあいさつをする場面がたくさんあります。

入学式や卒業式、創立記念式などの儀式的行事でのあいさつは、職員会議等で提案される実施計画書に時間配分が示されているはずです。例えば、「校長式辞５分」という計画であれば、それに合わせた文章量の原稿を準備します。これは、**最長５分と理解して、５分以内で余裕をもってあいさつをすることが大事**です。

学芸会や学習発表会などの文化的行事でのあいさつは、子どもたちの発表に対する講評です。そのよさを認め、価値づけてあげる内容になります。事前に原稿を準備することはできません。当日、それぞれの学年の発表で特に優れていた内容をメモしておき、具体的な話をします。子どもたちのがんばりをほめてあげたい気持ちはわかりますが、丁寧過ぎる話をすると、それに比例して時間が過ぎていきます。発表会での主役は子どもたちですから、ここでも自分の持ち時間を意識します。

特に気をつけたいのが、運動会や体育祭などの体育的行事での校長あいさつです。屋外での開・閉会式の場合、熱中症対策等、子どもたちの健康・安全面に細心の注意を払わなければなりません。当日の天候次第では、開・閉会式を体育館で行ったり、校内のオンライン配信を活用したりするなど、柔軟な対応が必要になります。屋外（グラウンド）で行う場合、校長あいさつは1分以内にまとめます。開会式で校長が長々と話をして、これから競技をする子どもたちの体力を奪ってしまったら本末転倒です。また、閉会式では子どもたちは全力を出し切って疲れています。ここでは、「戦い終わってノーサイド」の精神を端的に伝え、子どもたちの心に満足感が残る話をしましょう。

時間は話し手にも聞き手にも、平等に与えられています。時間とはすなわち、生きる時間（＝人生）なのです。**人前で話をする時間をいただいたことへの感謝の気持ちを忘れてはなりません。**

4　自分の言葉で語りかける

卒業式の校長式辞の中で、偉人の名言がはなむけの言葉として卒業生に贈られることがあります。また、ノーベル賞受賞者やアスリートなど、各分野で活躍している著名人の言葉を紹介する式辞もあります。偉人の名言や著名人の言葉には、人生の指針となる大切なメッセージが込められています。

私自身は、卒業式の校長式辞で他者の言葉はなるべく引用せず、自分の言葉のみで語るようにしています。小学校を巣立つ子どもたちへの最後のメッセージなので、**校長の思いが込められた言葉が最も子どもたちの心に響くはず**だと考えているからです。

語るときの目線は、聞き手である子どもたちに向けます。原稿は、式辞用紙に準備します（式辞原稿は、公文書に準ずる「儀式文」として保存義務が生じる場合があります）。しかし、**原稿はあくま**

で準備段階の１つのアイテムと考えます。実際の授業で、学習指導案を見ながら授業はしないのと同じです。「式辞原稿は、暗記しなければならないものではない」という考えもあるようですが、児童が行事等で代表あいさつをする際に、教師は原稿を暗記するように指導することでしょう。そうであれば、校長は率先して範を示すべきです。

行事等での校長あいさつは、必ず原稿を準備します（講評は例外）。そして、その原稿を本番で読まなくてもよいくらいに練習します。私の場合、通勤途中の車の中で何度も口に出して練習します。当日は、暗記した原稿を棒読みするのではありません。目の前の子どもたちに語りかけます。言い回しが、多少原稿と変わってもよいのです（原稿は自分しか知らないのですから）。**原稿がなくても、自信をもって聞き手に語りかけることができる状態まで仕上げて本番に臨むことが大切**です。

本書には、入学式や卒業式の他、様々な行事での校長のあいさつ文例が収められています。執筆者は、自分の経験を基に、聞き手の心に響く具体的なあいさつ文例を提供しています。

しかし、それらの文例をコピペ（copy and paste）してそのまま使ってください、というのが本書の趣旨ではありません。そこに込められた各校長の思いを理解し、掲載された言葉を自分の心の中でいったん温め、さらにアレンジを加えて、自分らしいあいさつをつくり出してください。

自分の言葉で聞き手に語りかける――。それに勝るあいさつは、ありません。

本書が、学校経営に邁進している校長先生方のお役に立てるのなら幸いです。

（佐藤幸司）

もくじ

序章
自分の言葉で聞き手に語りかける

第1章
入学式の式辞

第2章
卒業式の式辞

第3章 行事のあいさつ

おめでとう

付録

学校だよりの巻頭言話題と文例

第1章　入学式の式辞

大切な3つの「あ」

1年生の皆さん、ご入学おめでとうございます。

今日から皆さんは○○小学校の1年生です。先生も、お兄さん、お姉さんたちも、みんな皆さんの入学を楽しみにしていました。

では、○○小学校に入学した皆さんに、「こんな1年生になってね」というお願いを3つします。

（「あ」を提示）皆さんは、この字を読めますか。そう「あ」という字です。校長先生のお願いは、全部この「あ」から始まる言葉です。

1つ目の「あ」は、**安全の「あ」**。登校するとき、学校から帰るときの安全です。皆さんは、明日から歩いて学校に来ることになります。途中には、狭い道もあり、車が多く通ります。お兄さん、お姉さんの言うことをよく聞き、交通のきまりを守り、交通事故に遭わないようにしましょう。

また、知らない人に声をかけられても絶対についていったり、車に乗った

□**概要**

「こんな1年生になってほしい」という願いを込め、小学校で楽しく、安全に生活できるための大切なポイントを伝える。わかりやすく、覚えやすくするため「安全」「あいさつ」「ありがとう」という3つの言葉で紹介する。

■**ポイント**

ひらがなの「あ」を提示し、3つのお願いがすべて「あ」で始まるこ

りしないこと。これをしっかり守って安全に登下校ができるようになってください。

２つ目の「あ」は、**あいさつの「あ」**。元気なあいさつができる1年生になりましょう。元気なあいさつは、まわりの人の気持ちを明るくします。そればかりではありません。あいさつした人の気持ちも明るくしてくれます。朝、先生やお友だち、近所のおじさん、おばさんたちに会ったら、「おはようございます」と元気にあいさつしてくださいね。

３つ目の「あ」は、**「ありがとう」の「あ」**。「ありがとう」は、心を温かくする言葉です。「ありがとう」をいっぱい言える人は、きっと友だちもたくさんできます。鬼ごっこをして転んだとき、「大丈夫？」と声をかけてもらったら、「心配してくれて、ありがとう」と言いましょう。友だちが消しゴムを貸してくれたら、「貸してくれてありがとう」と言いましょう。

今、みんなに３つのお願いを話しました。全部「あ」で始まる言葉ですね。校長先生に続いてみんなも言ってみましょう。

「あんぜん」「あいさつ」「ありがとう」

３つの「あ」に気をつけて、明日から楽しい学校生活を送りましょう。

（佐藤俊幸）

とを知らせ、興味をもたせる。

３つの願いについては、短く、具体的な例をあげて話す。1年生の顔を見ながら語りかけることが大切。

３つの願いがすべて「あ」で始まることを改めて確かめ、一緒に言わせることで、覚えやすくする。

上級生の真似をして

1年生の皆さん、ご入学おめでとうございます。

今日から皆さんは○○小学校の1年生です。先生も、お兄さん、お姉さんたちも、みんな皆さんの入学を楽しみにしていました。

きっと、「早く学校に行きたいなあ」「遊びたいなあ」と思っていた人もいるでしょう。「お勉強がしたいなあ」と楽しみにしていた人もいるでしょう。反対に、「新しい友だちはできるかなあ」「みんなと仲良くできるかなあ」と不安になったり、「お勉強がわかるかなあ」と心配したりしているお友だちもいるかもしれません。

でも、大丈夫ですよ。○○小学校には、お勉強や生活の仕方を丁寧に教えてくださる先生方がいらっしゃいます。わからないことがあったら、すぐに「先生、わかりません」と言ってください。すると、先生方がわかるように教えてくださいます。

□概要

1年生に優しい上級生の存在を知らせ、安心して学校生活を迎えられるようにする。また、上級生の真似をするという視点から、安全に、仲良く過ごすためのポイントを知らせる（異学年での交流を大切にしている学校においては、上級生の意識も高まり、効果的）。

また、◯◯小学校には、優しいお兄さんやお姉さんがたくさんいます。みんなと一緒に行動してくれます。学校のことを優しく教えてくれます。

皆さんは、何でもお兄さんやお姉さんに尋ねてください。**お兄さん、お姉さんはみんなのお手本です。**しっかり見て真似をするとよいですよ。

例えば、明日から歩いて学校に来ますよね。近くのお兄さんやお姉さんたちと一緒に来る人も多いと思います。道を歩くときも、横断歩道を渡るときも、お兄さん、お姉さんをしっかりと見て、注意を聞いて、同じようにしてください。そうすると、事故に遭わないで安全に学校に来ることができます。

お兄さん、お姉さんたちは、あいさつも上手です。登校の途中で地域の方にあいさつしたり、学校に来て友だちにあいさつしたりと、元気にあいさつをしてくれます。あいさつをすると、明るい気持ちになれます。お友だちとも仲良くなれるし、学校が楽しくなります。みんなも、お兄さん、お姉さんの真似をして、たくさんあいさつしましょうね。

学校の中を歩いているときも、運動場で遊んでいるときも、お兄さん、お姉さんたちがいつも近くにいます。見守ってくれています。

明日から、安心して学校に来てくださいね。それでは、**ここで6年生が皆さんをお迎えする話をしてくれます。**

（佐藤俊幸）

■ポイント

優しい上級生の存在を知らせる。1年生に後ろを向かせ、上級生が手を振ったり、声をかけたりすることも効果的。

上級生の真似をする内容については、具体的な場面を取り上げ、わかりやすく話をする。

式辞の中に、6年生の歓迎の言葉を入れると、優しい上級生像がより具体的になり、1年生も保護者も安心する。

手の力を大切に

1年生の皆さん、ご入学おめでとうございます。

今日から皆さんは○○小学校の1年生です。先生も、お兄さん、お姉さんたちも、みんな皆さんの入学を楽しみにしていました。

さて、皆さん、今日、入学式に来るときに、お父さんやお母さんと手をつないで来た人もいるでしょう。手をつなぐってうれしいですよね。楽しい気持ちになりますよね。

実はね、**手には不思議な力がある**んです。何かいやなことがあったり、悲しいことがあったりしたとき、お父さんやお母さんが手をつないでくれると安心するでしょう。悲しい気持ちが少しずつなくなっていきますね。

それは、お父さんやお母さんの手に、見えない不思議な力があって、みんなを安心させてくれるからなんです。

お腹が痛いとき、お父さんやお母さんに手でさすってもらうと、痛みが

□概要

手には目に見えない不思議な力があるという話題を通して、友だちと仲良くすること、互いに支え合うことの大切さを伝える。

■ポイント

手をつなぐ行為と気持ちとの関係を取り上げることで、手の不思議な力に興味をもてるようにする。

少し減ってきますね。あれも同じです。

でもね、その見えない、不思議な力をもっているのはお父さん、お母さんだけではありません。**みんなももっているのです。**

足をぶつけて痛いとき、どうしますか。「痛い」と言って足に手を置くでしょう。「頭が痛いなあ」というときも、おでこに手を置くでしょう。足に手を当てていると、少し痛みがなくなってきたなと感じることもありますよね。それはみんなの手にも、見えない不思議な力があるからなんです。

小学校に入ると、新しいお友だちができます。そのお友だちとたくさん握手してください。そうすると、手の不思議な力が働いて、自分もお友だちもどんどん元気になります。とっても仲良くなれます。これからたくさんのお友だちと握手をしてどんどん仲良くなってくださいね。

それに、みんなの不思議な手の力を、泣いているお友だち、寂しそうなお友だちにも使ってください。泣いているお友だちがいたら、そっと肩に手をあててあげてね。そうすると、悲しみが少なくなります。１人で寂しそうな友だちがいたら、優しく手をつないであげてね。きっと安心して笑顔になります。

みんなの手の力で、元気で、仲良く過ごしていきましょう。（佐藤俊幸）

足やおでこに手を当てる動作をして見せることで、何気なくやっている行為を意識できるようにする。

握手、手をつなぐ、肩に手を置くなどの行為が、自分や友だちが元気になること、仲良くなれることにつながっていることを話し、それらの行為を促していく。

ビー玉貯金でがんばろう

1年生の皆さん、ご入学おめでとうございます。

先生たちも、お兄さん、お姉さんたちも、皆さんの入学をとても楽しみにしていました。

今日から皆さんは○○小学校の1年生です。明日から歩いて学校に来たり、帰ったりします。自転車や自動車がたくさん通ります。交通事故に遭わないように、まわりをよく見て歩きましょう。

1年生になったら、新しいお友だちができます。お勉強も始まります。それに、広い運動場で遊ぶこともできます。

とっても楽しみですね。お友だちと遊んだり、一緒にがんばったりしながら、できることを一つひとつ増やしていきましょう。

(ビンとビー玉を出して子どもたちに見せる)

例えば、今日、担任の先生がわかります。しっかりと先生の名前を覚え

□**概要**

小学校に入ると、新しい友だちができ、勉強も始まり、できることが一つひとつ増えていく。ビー玉貯金の話をすることで、そのことへの期待を膨らませたい。

たいですね。先生の名前を覚えたら、ビー玉を1つ入れます。お友だちの名前も覚えたいですよね。クラスの友だちの名前を覚えたら、ビー玉を1つ入れます。

毎日、たくさんのお勉強があります。「あ」「い」「う」「え」「お」のひらがなが読めるようになったら、ビー玉を1つ入れます。

運動場には、みんなが遊べる場所がいっぱいありますよ。みんながぶら下がって渡っていく雲梯という遊具もあります。みんなはちゃんとぶら下がれるかな。ぶら下がることができたら、ビー玉を1つ。

（たくさんビー玉が入ったビンを見せて）みんなの中のビー玉貯金をたくさん貯めましょう。学校生活がきっと楽しくなりますよ。

せっかくですから、**おうちの人と一緒にビー玉貯金をするといいですね。**学校から帰ったら、「こんなことができたよ」と教えてあげてください。そして、一緒にビー玉を入れます。こんなことができるようになりたい、がんばりたいという目標も一緒に話し合って決めるのもいいですね。

保護者の皆様、ぜひ子どもたちとビー玉貯金をしてください。一つひとつ何かができるようになる喜びや自信を大切にしてください。**人と比べる必要はありません。**今の自分ができそうなこと、できるようになりたいことにチャレンジすることが大切です。一緒に楽しんでください。（佐藤俊幸）

■**ポイント**

ビー玉を出し、一つひとつの話をしながら、実際にビンに入れていくことで、具体的なイメージをもてるようにする。

ビー玉貯金を家族で取り組むように促していく。些細なことでよいので、学校での話をする機会、子どもをほめる機会を増やしていきたい。

3つの大事なこと

○○小学校の1年生になった皆さん、ご入学おめでとうございます。私が○○小学校の校長の○○○○です。よろしくお願いします。
校長先生も他の先生たちも、2年生から6年生までのお兄さんお姉さんたちも、皆さんが入学してくるのをとても楽しみに待っていました。今日は後ろの方に、6年生が皆さんをお祝いするために座っています。これからたくさんお世話になりますよ。

さて、これから1年生になった皆さんに3つの大事なことをお話しします。よく聞いてください。

1つ目は**「自分のことは自分でできるようになりましょう」**ということです。洋服のお着替えは1人でできますか？　おトイレは自分だけでできますか？　手洗いうがいはできますか？　お片づけはできますか？すごいですね。これからは、お勉強の準備、学校に来ること、給食を食

□**概要**
まずは、学校のみんなが1年生の入学を楽しみにしていたことを伝える。

次に、1年生になった子どもたちにお願いしたいことを伝える。これは、上学年の子どもたちにも言っていること。

最後に、地域の方への労いと保護者へ向けてのお祝いと学校の在り方について話す。その間1年生には待っていてもらうことになる。

べること、何でも1人でできるようになってほしいと思います。最初は難しいかもしれません。でも、だんだんできるようになります。それを「成長」というのです。みんなで成長していきましょう。

それでも、どうしても1人でできないことや、困ったことが起きます。そういうときは、どうしますか？　「わからないよ～、困ったよ～、エーンエーン」と泣いていればいいですか？

ここで、2つ目の大事なことを言います。**「困ったときは、先生やお友だち、お兄さんやお姉さんに助けを求めましょう」**です。先生やお友だちやお兄さんお姉さんに「教えて」「手伝って」「助けて」と言える「勇気」が必要です。ちゃんと言えますか？　みんなで言ってみましょう。「教えて」「手伝って」「助けて」。どうですか？　言えそうですね。

では、「教えて」「手伝って」「助けて」と言っているお友だちがいたら、どうしますか？　そう、3つ目の大事なことは**「『教えて』『手伝って』『助けて』と言っているお友だちがいたら、優しく助けてあげましょう」**です。学校はみんなで仲良く過ごす場所です。困っていたり、悲しい思いをしたりしている友だちが1人もいなかったら、みんなが楽しく過ごせますね。みんなで助け合って、仲良く、楽しい○○小学校にしていきましょう。

■ポイント

3つの大事なことを述べるのに1つ目、2つ目、3つ目と指で指し示すなど、話の分かれ目がわかるようにする。短冊に書いて提示するとさらにわかりやすくなる。それを1年生の廊下などに掲示するのもおすすめ。

問いかけると、つぶやく児童がいる。そういうときは「そうですね」とか「いいこと言った子がいました」など、リアクションをしてあげるとよい。一方的な話でなく、対話的な話の方が、楽しく、飽きずに聞くことができる。

今日は、1年生を見守り、応援してくださる地域の方もお祝いにいらしてくださいました。右の方を見てみましょう。たくさんの方が皆さんのお祝いにいらっしゃっています。校長先生はごあいさつするので、1年生はちょっと静かに待っていてくださいね。

ご来賓の皆様、本日はご多用の中、本校の入学式にご臨席を賜りまして、誠にありがとうございます。また、いつも○○地区の子どもたちが健やかに過ごせるよう支え導いてくださっていることに感謝申し上げます。

1年生の皆さん、よく待っていてくれましたね。今度は後ろにいる皆さんのおうちの方にごあいさつしますね。また、待っていてください。

保護者の皆様、本日はお子さまの小学校ご入学、誠におめでとうございます。昨日の風雨にも耐えた桜が、空に向かって咲き誇っています。まさに子どもたちの前途を祝福しているように思います。

学校は社会の入り口と言われています。子どもたちは、学校という集団生活の中で様々な課題と出合いながら、それを乗り越えるごとに成長し、社会へ出るため多くのことを学んでいきます。我々教職員は保護者の皆様

1年生がこれからお世話になるであろう地域の方なので、脇に座っていることを伝え、存在を意識させることが大切。

保護者の方への話は少し長くなる。しかも、子どもにとっては難しい話なので、飽きてしまう子もいるはず。行儀よく待てたことをほめてあげたい。

保護者に向けての話は、学校の味方になってほしいという気持ちを前面に出す。ともに子どもたちを育む姿勢を示し、理解を求めたい。

ともに同じ気持ちで子どもたちを育みたいと思っております。どうか「苦情」という形で敵対するのでなく、学校をよりよくするための「ご意見」をいただきたいと思います。そして、ご家庭、地域、学校が一体となるよう歩み寄り、ともにすてきな学校をつくっていきませんか。それが子どもたちにとって一番大切なことだと私は思います。

それでは、これからの6年間、私ども教職員一同力を合わせ、安心して安全に学校生活が送れるよう、子どもたちの教育に全力で取り組むことをお約束し、お祝いの言葉とさせていただきます。

1年生の皆さん、お待たせしました。明日から元気に○○小学校に通ってきてくださいね。待っています。

これで、校長先生のお話は終わります。

（藤木美智代）

教職員が一体となっている学校は信頼が深まる。約束することで、その信頼を崩さないよう、参加している教職員の覚悟を固めることにもなる。

待たせていた1年生にもう一度言葉をかけることを忘れずに。

第1章　入学式の式辞

校長先生との最初の授業

1年生になった皆さん、ご入学おめでとうございます。今日から皆さんは○○小学校の1年生です。先生たちも、お兄さんお姉さんたちも、みんな1年生が入学してくることをとても楽しみに待っていました。

私は、○○小学校の校長先生です。名前は○○○○です。よろしくお願いします。

さて、いきなりですが、これから校長先生とお勉強をしますよ。○○校長先生についての三択クイズです。3つから選んでくださいね。

第1問、○○校長先生は何歳でしょう?

①5歳　②57歳　③100歳

①だと思う人?　②だと思う人?　③だと思う人?

みんな、大正解!　さすが1年生ですね。どうしてわかっちゃったのでしょう。そうですよね。5歳だったら皆さんより小さいし、100歳だっ

□**概要**

まずは自己紹介。校長の名前を紹介し、知ってもらう。

次に、校長との最初の授業。子どもたちとやりとりをしながら、「学校の勉強はこんなふうに楽しいのだ」ということを伝える。

最後に来賓への感謝と、保護者へのお祝いの言葉を述べる。また、学校経営について触れ、どのような子どもに育てたいか表明する。

たらすごいおばあちゃんだから、校長先生のお仕事できないですよね。

今、皆さん手をあげてくれましたね。かっこいい手のあげ方を知っていますか？　みんなで練習しましょうか。**指はピン！　腕を耳にくっつけます。**ああ、皆さんいい手のあげ方ですよ。立派な1年生ですね。

それでは第2問。校長先生の飼っている動物は何でしょう？

①ライオン　②キリン　③犬

①だと思う人？　②だと思う人？　③だと思う人？

手のあげ方、いいですねぇ。さっき練習したようにあげていますね。そして、みんな大正解！　さすが1年生。どうしてライオンやキリンじゃないってわかっちゃったのですか。そうですよね。すごい！　すごい！　ちゃんと選んだ「わけ」を上手に言えましたね。

こんなふうに、**選んだわけをお話しすることもお勉強なのですよ。**もう、皆さん、お勉強が得意になってきましたね。

続いて、第3問。すてきなお返事はどれでしょう？

①はぁ～い　②はい、はい　③はいっ！

①だと思う人？　②だと思う人？　③だと思う人？

そう、答えは③です。みんな正解。では、みんなで練習しましょう。校長先生の真似をしてくださいね。「はいっ！」

■ポイント

第2問も、ほとんどみんな正解するだろう。わけを尋ねると「キリンはね、屋根から首が出ちゃうから」「キリンは屋根の上に口があるでしょ。えさをあげられないよ」「ライオンは人間を食べちゃうでしょ」「ライオンはおうちの中で暴れるから、飼えないよ」などと話し始める。

三択クイズは、正解がはっきりしているものを1つにし、不正解はおげさなもの、ありえないもの、笑えるものにする。選んだ「わけ」を問うのであれば、「わけ」が言いやすいものを考える。

1年生になったばかりなのに、手のあげ方やお返事の仕方を覚えちゃいましたね。とても立派です。この後、校長先生は、大人の方にお話しをするので、少しの間、静かに待っていてください。

ご来賓の皆様、本日はご多用の中、本校の入学式にご臨席賜りまして、誠にありがとうございます。また、いつも○○地区の子どもたちが健やかに過ごせるよう、支え導いてくださっていることに感謝申し上げます。

保護者の皆様、本日はお子さまの小学校ご入学、誠におめでとうございます。本校は「だれ一人も残さず、一人ひとりの可能性を伸ばすことができる笑顔あふれる学校」を目指しています。学校教育目標は「自分の思いを実現できる児童の育成」「力を合わせ主体的に行動できる児童の育成」です。お子さん一人ひとりが自分の人生の主人公であり、一人ひとりが輝く存在であることを肝に銘じ、教育活動を行ってまいります。

小学校の6年間は、日々成長し、著しく変化していく大切な時期です。低学年は「自分のことが自分でできること、友だちと仲良くできること」を目標にしています。中学年は「学級のことが自分たちでできること、友だちのよさを認め協力できること」、高学年は「学校全体のことを考えて

子どもたちがいきいきと話を聞いたり、手をあげたりする様子を見せることで、保護者にも安心感をもたせることができる。

地域の方や保護者に向けて話をするときは、子どもたちに待っていてくれるように話す。

学校の教育目標、目指す児童像など教育方針をしっかり伝えることで保護者の方にご理解、ご協力をお願いする。学校と保護者が同じ方向を向いて子どもたちを育てることが大切になる。

行動できること、自分のよさを生かして貢献できること」をそれぞれ目標にしています。このような教育方針をご理解いただき、ともに子どもたちの未来を考えていきましょう。

これからの6年間、私ども教職員一同、力を合わせて、安心して安全に学校生活が送れるよう、子どもたちの教育に全力で取り組むことをお約束し、お祝いの言葉とさせていただきます。

さて、1年生の皆さん、お待たせしました。よく待っていてくれましたね。今日の校長先生とのお勉強は楽しかったですか？

学校のお勉強は、楽しいですよ。これから、あいさつの仕方、お話の仕方、聞き方、並び方などのお勉強が待っています。しばらくすると、漢字や計算もやります。運動したり、歌を歌ったり、絵を書いたりするのもお勉強です。

楽しみでしょう？　楽しみにしながら、毎日元気に〇〇小学校に通ってきてくださいね。

これで、校長先生のお話は終わります。

（藤木美智代）

教職員が一丸となり児童を導いていることを伝え、この学校に入学したことに安心感を抱いていただく。

最後にもう一度1年生に向き直り、明日からの登校を促す言葉かけをする。

キリンさんのように首を長〜〜くして待っていました

ピッカピカの新入生の皆さん、ご入学おめでとうございます。

今日から皆さんは、○○小学校の1年生です。

小学1年生になるこの日が楽しみで仕方がなかった人も多いと思います。その日が来ることが楽しみで楽しみで待ち遠しいことを、「首を長くして待つ」という言い方をすることがあります。校長先生も、この日が楽しみで仕方ありませんでした。皆さんが入学してくることを校長先生は、このキリンさんと一緒に首を長〜くして待っていました（胸ポケットから小さなキリンを出して、首を伸ばす。子どもたちから歓声が、保護者からは笑い声が起こる）。

この○○小学校には、優しいお兄さんやお姉さん、そして、一生懸命皆さんのことを考えてくれる先生方がいらっしゃいます。今日は式に出ることはできませんでしたが、お兄さんお姉さんたちも首を長〜くして待って

□**概要**

入学式の1年生は、やる気に満ちあふれているが、緊張もしている。そこで、話の冒頭に1年生の表情が和らぐ演出をしかける。

それが「キリンさん登場」。自作のキリンを登場させて、笑顔を引き出す。また、モノを用意して話をすることで、視線が1か所に集まり、子どもたちの集中力を高めることもできる。

います（さらに、演台の下から大きなキリンを出すと、歓声が上がる）。一緒にがんばりましょうね。

今から、皆さんがスーパー1年生になるために、とっても大切なことを2つ話します。

1つ目はこれです（壇上でにこっと笑う）。わかるかな？

そう**「笑顔」**です。

いつもにこにこ、笑顔が一番のスーパー1年生になってください。○○小学校の学校目標は「えがお☆かがやく」です。校長先生は、この○○小学校を「えがお☆かがやく○○小学校」にしたいと思っています。皆さんも力を貸してくれますか？

（「はい！」と、1年生）

ありがとう。とても元気のいい返事ですね。

2つ目は、**「あいさつ」**です。

校長先生は、毎朝校門に立って、みんなを待っています。朝、校長先生と会ったら、何て言うか知っていますか？

■ポイント

大きなキリンは、式の終了後に体育館のドアの横に設置する。大きなキリンと一緒に記念撮影をする家族も多く、入学式映えする撮影スポットになっている（キリンのつくり方は項末参照）。

「スーパー1年生」というキーワードは、子どもたちへのインパクトが強く、がんばろうという意欲も高まる。担任も使い勝手がよいようで、「スーパー1年生になるためにがんばろうね」と、学級指導や学習指導の際によく活用してくれる。

（「おはようございます」と、1年生）

そうです。

さすが1年生。

朝のあいさつは「おはようございます」ですね。

でもね、最初ははずかしくて、しっかり声を出せない子がいるかもしれません。そんな人は、ペコっと頭を下げてくれれば大丈夫です。校長先生のあいさつが届いていることがわかりますからね。校長先生は、それだけでうれしくなります。

校長先生は、皆さんが元気なあいさつができる1年生になってほしいと思っています。まずは、自分のできるところからがんばってください。

今から、おうちの人にごあいさつをしますから、少し待ってください。

保護者の皆様、本日はお子様のご入学、誠におめでとうございます。今日から6年間、大切なお子様をお預かりいたします。家庭、地域と学校が車の両輪のごとく、ともに子どもたちのために力を合わせていきましょう。どうか、ご理解とご協力を賜りますようよろしくお願いいたします。

それでは1年生の皆さん、明日もにこにこ笑顔で学校に来てください。

黙ってじっと話を聞き続けることを、入学したての1年生に求めてはいけない。1年生の集中力が切れる前に「声を出す」という活動を取り入れる。大きな声が返ってきたら、思いっきりほめることができ、一石二鳥。もし小さな声しか返ってこなくても「えっ？　ちょっと聞こえなかったなぁ」と笑顔で聞き返せば、やる気いっぱいの1年生の声は1回目より確実に大きくなる。そして、「さっきより大きな声であいさつできたね。すばらしい」とほめればよい。

校長先生は首を長～くして待っていま
す。朝、門であったら、笑顔で元気に
あいさつしてくださいね。
これで校長先生のお話を終わります。

小さなキリン（30㎝）と大きなキリン（1ｍ20㎝）のつくり方

・小さなキリンは、伸び縮みする指し棒を使って制作する。
・大きなキリンは、スチロール板を竹で補強して制作する。自立できるように足下にブックスタンドを利用する。

（俵原正仁）

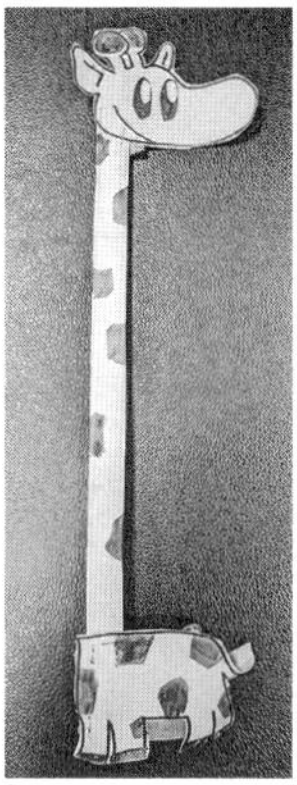
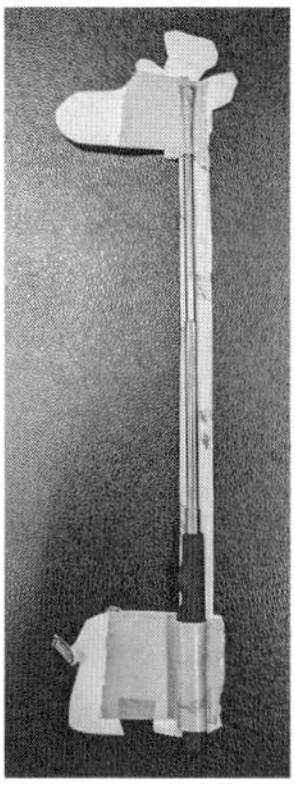
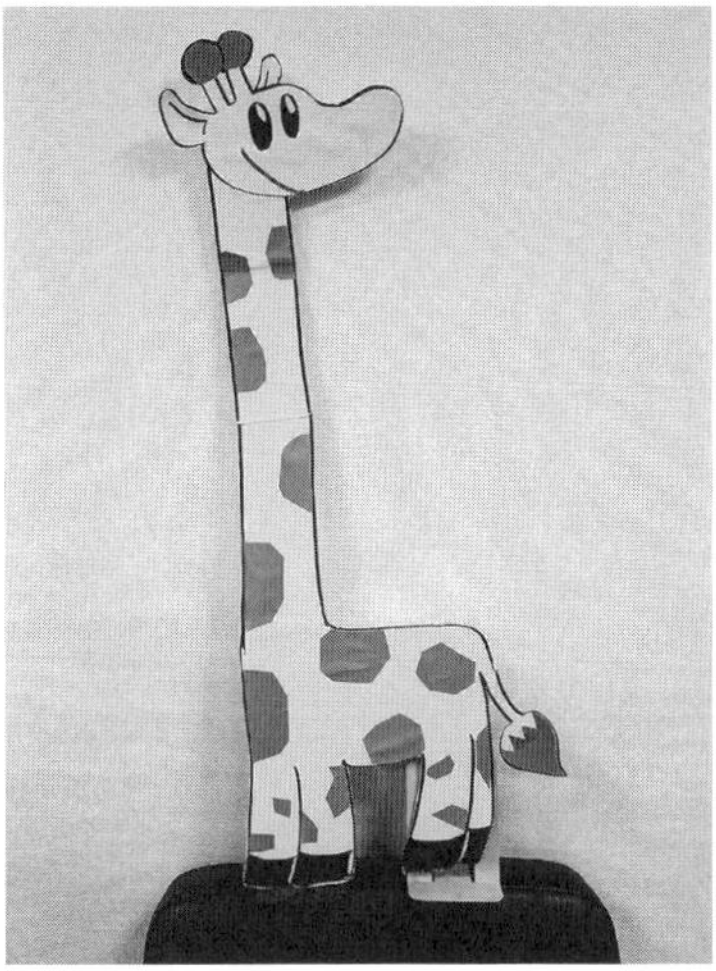

ここで、もう一度、キリンさんを出す。「入学式が終わったら、大きなキリンさんは体育館の入り口にいるから、近くで見てもいいですよ」と、撮影スポットの設置を予告することもある。

朝は、おはようございます。昼間は？

新入生の皆さん、ご入学おめでとうございます。

今日から皆さんは、〇〇小学校のピカピカの1年生です。

小学校には、楽しいこと、わくわくすることがたくさんあります。広い運動場、大きな体育館があります。気持ちのよいプールで泳いだり、教室で勉強したりすることもできます。図書室には、本がたくさんあります。給食もとってもおいしいですよ。

小学1年生になるこの日が楽しみで仕方がなかった人も多いと思います。校長先生も、この日が楽しみで仕方ありませんでした。校長先生だけではありません。今日、皆さんが入学してくることを、たくさんの先生やお兄さんお姉さんたちも首を長くして待っていました。明日からも、安心して学校に来てくださいね。

□**概要**

ここで用意するモノは、「絵本」。絵本の読み聞かせを、入学式の話に取り入れる。子どもたちは絵本が大好きで、絵本を提示すると子どもたちの視線は一気に校長の手元に集まる。手遊びをしたり、よそ見をしたりする子は1人もいなくなる。入学式だけでなく、全校朝会でも利用することができる。

今から、皆さんがスーパー1年生になるために、とっても大切なことを2つ話します。

1つ目は、これです。

（演台の下から絵本を取り出す）

今から、校長先生が『挨拶絵本』という絵本を読みますから、聞いてくださいね。

挨拶絵本　五味太郎。

「朝は『おはようございます』」

「昼間は…」

（「こんにちは」と、1年生）

すごいね。よくわかりましたね。

では、次はわかるかな？

「夜になったら…」

（「こんばんは」と、1年生）

正解！

まだ続きますよ。

（中略）

■ポイント

ここでは、『挨拶絵本』（五味太郎）の読み聞かせを行う。

書画カメラやパソコンを使って、大きなスクリーンに投影しながら話をすることができればベスト。そのときの校長の立ち位置は、スクリーン前になる。ただ、そのような環境設定ができない場合は、絵本を片手に、壇上から降りて、子どもたちの近くに移動して、絵本を読み始めるようにする。

「昼間は…」と、読んだ後に少し間を空けることが重要。1年生は元気な声で応えてくれるはず。

「お別れのときは…」

（「さようなら」と、1年生）

お見事です！

この絵本はまだまだ続きますが、今日はこのへんで終わりにします。

（「えーーーっ！」と不満の声が上がる）

続きは、明日教室に行って読ませてもらうので、楽しみに待っていてくださいね。

つまり、スーパー1年生になるための1つ目は、**「あいさつ」**です。でも、みんなはもうしっかりできていますね。校長先生はびっくりしました。**すでに立派なスーパー1年生**です。明日からもがんばってください。

2つ目はこれです（壇上でにこっと笑う）。

わかるかな？

そう**「笑顔」**です。いつもにこにこ、笑顔が一番のスーパー1年生になってください。○○小学校のキャッチフレーズは、「みんなの笑顔が輝く学校　○○しょうＳＭＩＬＥ」です。校長先生は、この○○小学校を**「みんなの笑顔が輝く学校」**にしたいと思っています。皆さんも「みんなの笑

担任の話によると、次の日、1年生の子どもたちは、校長がいつ教室に来て続きを聞かせてくれるのか、朝からとても楽しみにしていたそうである。途中で終わり、完結させないことが、明日への期待を高めるためのポイントになる。これは、他の場面でも応用できる黄金法則。

入学式に絵本の読み聞かせをする裏には、「1年生の子どもたちに、絵本の読み聞かせをたくさんしてくださいね」という校長から1年担任へのメッセージも隠されている。

顔が輝く学校」のために力を貸してくれますか？

（「はい！」）

ありがとう。

とても元気のいい返事ですね。

今から、おうちの人にごあいさつをしますから、1年生の皆さんは少し待ってください。

保護者の皆様、本日はお子様のご入学、誠におめでとうございます。今日から6年間、大切なお子様をお預かりいたします。家庭、地域と学校が車の両輪のごとく、ともに子どもたちのために力を合わせていきましょう。どうか、ご理解とご協力を賜りますようよろしくお願いいたします。

では、1年生の皆さん、明日もにこにこ笑顔「○○しょうSMILE」で学校に来てください。校長先生は首を長～くして待っています。朝、門であったら、笑顔で元気にあいさつしてくださいね。

これで校長先生のお話を終わります。

（俵原正仁）

2つ目のポイントの「笑顔」を話すときには、校長自身が満面の笑顔を見せる必要がある。歌のお兄さんやお姉さんのように大げさな笑顔を見せることに自信がない方は、ニコちゃんマークを貼ったうちわで代用することも可能。

【参考文献】

・五味太郎『挨拶絵本』（ブロンズ新社）

友だち100人できるかな？

やや肌寒い日となりましたが、皆さんの入学をお祝いしてくれるかのように、校庭の桜も咲き始めました。

〇〇名の1年生の皆さん、入学おめでとうございます。今日から皆さんは、〇〇小学校の1年生です。皆さんが入学してくるのを、先生たちも、お兄さんたち、お姉さんたちも、とても楽しみにしていました。

さて、小学校は、たくさんのお友だちと協力し合いながら、様々な活動を行い、優しい心を大きく膨らませていくところです。また、本を読んだり、字を書いたり、話し合いをしたりして、わかることやできることをどんどん増やしていくところです。さらに、たっぷり運動をして、丈夫な体をつくるところでもあります。

そこで1年生の皆さんが、よりよい学校生活を送るためにがんばってほしいことを3つお話しします。

□**概要**
義務教育を迎える最初の儀式が、入学式。新入生はもちろん、保護者も緊張感をもって登校してくるので、まずは、教職員、在校生、そして身近にある植物の風景も、温かく歓迎していることを式辞に盛り込む。そして、小学校の役割について簡単に話をしたうえで、がんばってほしいことを3つに絞って話す。

1つ目は、**「たくさんお友だちをつくる」**ということです。まずは、自分のクラスではじめて出会ったお友だちに、いろいろ声をかけてください。そして、たくさん遊んでください。

『一年生になったら』という歌を知っていますか？　聞いたことがある人は、静かに手をあげてください。たくさんいますね。

この歌は昔からあるのですが、「いちねんせいになったら」の後には、「ともだち100人できるかな」という歌詞が、1番、2番、3番とも続きます。「お友だちをつくれるかな」「できるかなぁ」という気持ちは、昔から変わっていないのです。もちろん、先生たちやご家族の人たちも、たくさんのお友だちをつくってほしいと願っています。

この歌は、1番で「100人でおにぎりを食べたい」、2番で「100人で日本中をかけたい（走りたい）」、3番で「100人で笑いたい」と続きます。皆さんは100人でどんなことをしたいでしょうか。おうちの人や、クラスの先生に教えてあげてください。

2つ目は、**「しっかりお話を聞く」**ということです。ちょうど、今の皆さんのようにです。お話の聞き方、すばらしいですね。

■ポイント

がんばってほしいことの1つ目は友だちづくり。校区の状況によっても違いはあるが、昨今は出身の幼児教育施設も多様化していて、数多くの幼稚園、保育園、子ども園から入学することが多い。

中には、入学時にだれも顔見知りがいない1年生もいることを考えると、友だちづくりは入学後に特に配慮しなければならないことになる。それが、その後の問題行動や不登校リスクを下げていくことにもなる。

ここでは『一年生になったら』を例に、入学後の期待感をもたせる演出を試みる。昔から変わらない歌だからこそ本質を押さえている。

小学校では、先生が大事なお話をたくさんします。また、お友だちがすてきな考えを発表してくれます。しっかりとお話を聞くことができる子どもは、必ずお勉強が得意になりますよ。

お話を聞くときのコツは、お話をしている人の目を見ることです。皆さん、しっかりできていますね。姿勢もよいと話がすっと入ってきます。

3つ目は、**「自分だけでできることを増やす」**ということです。

例えば、朝は1人で起きていますか？

自分で顔を洗ったり歯を磨いたりしていますか？

学校に来るときの準備を自分でやれていますか？

もし今できなくても、がんばれば必ずできるようになりますよ。

がんばってほしいことをもう一度繰り返すと、「たくさんお友だちをつくる」「しっかり話を聞く」「自分だけでできることを増やす」です。覚えられますか。これら3つのことをできるようにがんばってください。

保護者の皆様、本日はお子さんのご入学、誠におめでとうございます。

いよいよ義務教育が始まりました。今年度、○○年目を迎えた○○小学校

がんばってほしいことの2つ目はしっかり話を聞くこと。入学式で話を聞く態度がよかったなら、すぐにほめたい。逆に、話を聞けない子どもが多い場合は、上級生の聞く態度に触れてもよい。

がんばってほしいことの3つ目は自分だけでできることを増やすこと。おそらく、この点はかなり家庭環境による個人差が大きいと思われる。

後段は、保護者への話となる。目線を保護者席に移して、しっかりと語りたい。特に1年生の教育は、保護者と一体となって行わないと、絶対に前に進まない。

の、私たち教職員が一丸となって、大切なお子さんの教育に当たっていくことをお誓い申し上げます。

今、この式に参列している6年生も、5年前の今ごろ、1年生として入学しました。小学校の6年間で、どれほど子どもが成長するのかがわかると思います。体は大きくなり、頭は賢くなり、そして様々なことを経験しながら心も豊かになっていきます。6年生になったら身長を超されているかもしれません。あるいは皆さんが解決できない問題を、いとも簡単に解決できているかもしれません。本当に楽しみですね。

小学校は、人生の礎となる、大切な6年間です。その礎を確かなものにしていくためには、学校、保護者、地域が三者一体となって教育に当たっていくことが必要です。もし子育てで困ったことや悩んでいることがあれば、どうぞ気軽にお声をかけてください。だれでも必ず「困ったなぁ」「心配だなぁ」と思うことはあります。ぜひ小学校を頼ってください。

最後になりましたが、お忙しいところご臨席を賜りましたご来賓の皆様、本日は誠にありがとうございました。今後とも温かいご支援、ご協力を○○小学校に賜りますようお願い申し上げまして、式辞といたします。

（間嶋　哲）

学校の規模等によっても参列者の範囲に違いはあるが、もし在校生が参列していれば、1年後の姿なら2年生、5年後の姿なら6年生と、保護者に大きな期待をもたせたい。

そして強調したいのが、教育に関しての悩みや不安を学校も共有し、解決していきたいという願いを、しっかりと保護者に伝えること。

最後の来賓への謝辞は、1年生の集中力は長くは続かないことを考慮し、あっさりとまとめたい。

6年生を目指そう

夢いっぱいの春を迎えました。○○名の1年生の皆さん、入学おめでとうございます。今日から皆さんは、○○小学校の大事な1年生です。皆さんが入学してくるのを、2年生から6年生のお兄さん、お姉さん、そして先生方も、みんな楽しみに待っていました。

さて、皆さんが3月まで通っていた幼稚園、保育園、子ども園と小学校では、どんなところが違うと思いますか。○×クイズを3問出すので、答えてください。正しいと思ったら、両手を大きくあげて○をつくってください。間違っていると思ったら、両手で×をつくってくださいね。

1問目です。「小学校の方が、人の数が多い」。○かな、×かな。

答えは、○ですね。小学校には、皆さんの他に、2年生から6年生までのお兄さんやお姉さんがいるし、先生方も大勢いますね。みんなとても優しいので、困ったことがあったら頼ってください。

□概要

幼稚園、保育園、こども園から入学してくる子どもたちを迎える大切な行事、それが入学式。子どもたちの入学をみんなが心待ちにしていたことをまずは伝えたい。

ここでは、様々な幼児保育施設と小学校との違いに着目して、クイズ形式で進行していく。一般的には、話す一方となりがちな式辞だが、1年生の集中力を切らさないためにもクイズは有効。

2問目です。「小学校は、遊ぶところです」。○かな、×かな。

答えは、×です。小学校は、本を読んだり、字を書いたり、話し合いをしたりして、わかることやできることを増やしていくところだからです。小学校では、時間割がきちんと決まっていて、お勉強の時間、遊んでよい時間、給食の時間などがあります。遊んでよい時間には、元気よく体を動かして遊ぶ人もいれば、教室で絵本を読んだり、好きな絵をかいたりしている人もいます。

でも、○にした人も、実は半分正解なのです。というのは、**お勉強をしているときも、「遊ぶ」という気持ちをもって取り組んだ方がよいことが多いから**です。もちろん、そのときは汗をかきながら遊ぶというのとは違いますが、頭を使いながらしっかりと考えることは、遊ぶことと同じことです。

最後の3問目。「お兄さん、お姉さんは優しい」。○かな、×かな。**答えは、お兄さん、お姉さんたちに聞いてみましょう。**さて、2年生から6年生の皆さんは、どうぞ答えてください。

よかったねぇ。全員が○でした！　校長先生もびっくりするくらい、みんなとても優しいです。先生たちも優しいですよ。だから安心して毎日登校してくださいね。

■ポイント

○×クイズの中身は様々考えられる。

1問目は簡単に答えられる問題だが、ただ単にクイズをして終わりではなく、その質問に関わる話をつけ加えたい。

2問目は、その質問を通して、小学校生活を少しでも感じてもらうこと、そして授業の中にも遊びの要素がたっぷりと入っていることを知らせる意図がある。「遊びながら学ぶ」という、レベルの高い授業を示唆する意図もある。

3問目は、在校生にも参画させる問い。いきなりでもよいが、事前に各担任と打ち合わせしておきたい。

さて、こんなふうに優しいお兄さん、お姉さんたちですが、皆さんには、6年生がどんなふうに見えますか。

6年生は、1回起立してもらえますか。

きっと、皆さんにとって6年生は、とても体が大きく、とても頼りがいのある存在だと思います。でも、6年生の人たちも、皆さんがちょうど生まれたころ、つまり5年前に、今の皆さんのように小学校に入学してきたのです。はじめから体が大きく、お勉強もできていたわけではありません。小学校の生活をきちんと過ごしていたからこそ、こんなに立派な6年生になったのです。ぜひ、6年生をお手本にして、いっぱい学んでください。

そして、6年生のようになってくださいね。


保護者の皆様、本日はお子さんのご入学、誠におめでとうございます。
○×クイズで示したとおり、幼稚園、保育園、子ども園と違い、小学校では、関わる人数も大きく増えます。また、小学校は遊ぶことから学ぶことに大きくシフトします。ただし、少しずつシフトしていくことが子どもにとって大切です。あたかも遊んでいるように学んでいく「質の高い授業」を当校では目指しています。そして、毎日が楽しく「行きたくて行きたくてたまらない小学校」を目指しています。教職員が一丸となって、大切な

ここでは、6年生に話題を振り、6年生を称えるとともに、6年生のようになっていくためにがんばってほしいことを伝える。6年生にとっても、小学校のリーダーとしてがんばらねばならないという思いを育む契機となる。

保護者への語りの際は、クイズの中身とあわせて、校長自身の学校経営の方向性にも触れ、学校としての決意を伝えたい。校長が大切にしている学校経営のキャッチフレーズなどがあるとよい。教職員だけでなく、全校児童や1年生の保護者に宣言することにもなる。

お子さんの教育に当たっていくことをお誓い申し上げます。

小学校の6年間は、子どもの人生にとっての礎です。その礎を確かなものにしていくためには、保護者と学校が同じベクトルで教育に当たっていく必要があります。6年生を見ていただければわかるとおり、子どもは確実に成長していきます。5年後、どんな6年生になってほしいのかをときどき考え、日常生活の中でよいことをしたら大いにほめ、悪いことをしたらしっかりと叱ることが大切です。**「ならぬことはならぬ」と、はっきりと教え導くことも大切**なのです。

子どもたちの健やかな成長に向け、また、子どもたちが安心して小学校生活を送ることができるように、一層のご理解とご協力をお願い申し上げます。

最後になりましたが、お忙しいところご臨席を賜りましたご来賓の皆様、本日は誠にありがとうございました。今後とも温かいご支援、ご協力を○○小学校に賜りますようお願い申し上げまして、式辞といたします。

（間嶋　哲）

ここでは、保護者に対して、お願いしたいことを述べる。昨今では、母子分離不安のため、小学校生活を円滑に送ることができない家庭、または自分の子どもを叱ることさえできない家庭が増えている。それを回避するために必要なことは多々あるが、校長として考えていることを端的に示しておきたい。

「ちょっぴり早起き」で生活習慣づくり

希望に胸を膨らませて、ピカピカの1年生が入学してきました。入学式で、校長として1年生に伝えたいことはたくさんあります。

でも、1年生は、4月はじめに誕生日を迎えた子でようやく7歳になったばかりです。ほとんどの子は、まだ人生を6年ちょっとしか生きていません。そんな子どもたちにあれこれ多くのことを話しても伝わりません。

ですから、入学式の校長式辞では、伝えたいこと（伝えるべきこと）を最小限に絞ります。

ここで紹介するのは、生活習慣づくりのために「ちょっぴり早起き」をすることを伝える式辞です。1年生に向けた話ですが、これは保護者に向けたメッセージでもあります。

一気に「早寝早起き朝ごはん」まで行かなくても、まずは少しの早起きなら無理なく始められるはずです。

□**概要**

入学したばかりの1年生に身につけさせたいのは、基本的な生活習慣である。生活習慣づくり（生活リズムの向上）には、保護者の協力が欠かせない。そのため、入学式での校長式辞の中で、1年生にその大切さを語りかけながら同時に保護者への協力を促す。

「ちょっぴり早起き」をするとどんなよいことがあるのか。1年生にわかりやすく、穏やかに伝えたい。

（以下に紹介するのは、全校児童33名、新入生4名の小規模校での入学式の式辞です）

新入生の〇〇〇〇さん、〇〇〇〇さん、〇〇〇〇さん、〇〇〇〇さん、4人は今日から〇〇小学校の1年生です。

ご入学、おめでとうございます。

今日、おうちの人と学校に来たとき、広いグラウンドを見ましたか。まだ雪は少し残っていますが、暖かい春がやってきました。

学校のグラウンドも、この校舎も、2年生から6年生までのお兄さん、お姉さんたちも、もちろん先生方も、新しい1年生が入学してくるのを楽しみに待っていました。

今年の〇〇小学校の子どもたちは、全部で33人です。家族のような、とってもの仲のよい学校です。困ったことがあったら、優しいお兄さん、お姉さんたちに、何でも聞いてください。

■ポイント

一人ひとりの顔を見ながら、名前を呼ぶ。これができるのが、小規模校のよさ。

家庭環境が様々なので、「おうちの人」という表現を使う。定番の季節のあいさつではなく、目に見える春の訪れについて話す。

「家族のような学校」は小規模校のキーワードになる。1年生に学校生活に対する安心感を与える。

さて、今日は、校長先生から1年生の皆さんに、1つ約束してほしいことがあります。

それは、**ちょっぴり早起きをしてほしい**ということです。

ちょっぴりというのは、10分か15分でよいのです。

ちょっぴり早起きをすると、朝ご飯をしっかり食べられます。

朝ごはんをしっかり食べると、学校で元気に遊んだり、楽しく勉強したりすることができます。

そして、夜もぐっすり眠れます。


ちょっぴり早起き、約束できますか。

（「はーい」の返事を受けて）

とってもいい返事ですね。さすがは〇〇小学校の1年生です。


保護者の皆様、本日はお子様のご入学、誠におめでとうございます。大切なお子様を、本日確かにお預かりしました。教職員一同、卒業まで責任をもって指導に当たってまいります。子どもたちの健やかな成長のために、ご協力をよろしくお願いいたします。

話題を変え、校長が伝えたい内容を話す。約束してほしいことが複数あると伝わりにくくなるので、ここでは、「早起き」1つに絞る。なぜ「ちょっぴり早起き」が大切なのか。その理由を、具体例を交えて子どもたちに話す。

子どもたちに問いかけると、「はーい」というかわいい元気な声が返ってくるはず。

目線を保護者に向ける。保護者へのお祝いと今後の協力依頼を述べる。式辞の中で話すと、言葉の重みが違ってくる。

ご来賓の皆様、子どもたちのことを、これからも見守ってくださいますようお願い申し上げます。

1年生の皆さん、「明日から元気に学校に来てください」と言いたいところですが、明日は日曜日でお休みです。あさって〇日月曜日に、また元気に学校に来てください。

（子どもたちの返事を受けて）

元気な返事ですね。校長先生も楽しみに待っています。

以上で、式辞といたします。

※これは、2018年4月の入学式での式辞です。コロナ渦前は、保護者（ほとんどの家庭では父母2名）と来賓を招いて入学式を実施していました。小規模校では、新入生よりも来賓の数の方が多いことが珍しくありません。

コロナ渦後は、来賓の数や式典の時間に制限を設けている学校も増えています。その場合、校長式辞は子ども向けの言葉だけにして、保護者と来賓には別の場であいさつをするやり方がよいでしょう。（佐藤幸司）

時間の都合で、来賓への言葉は最小限とすることをご了承いただく。

ちょっとユーモアを入れてにっこりする。子どもたちからは、ここでも「はい！」という元気な返事があるだろう。

最後の言葉は、儀式向けの落ち着いたトーンで閉じる。

式辞原稿は、多当紙（封筒）に入れて壇上に置いてくるのが一般的である。

「新入生退場」で1年生が教室に向かっているときに、校長が保護者にあいさつをする時間を確保することもできる。

キャッチコピーは【えがお・あいさつ・そろえる】

校長は、4月最初の職員会議で学校の経営方針を職員に伝えます。始業式では、子どもたちに「みんなでどんな学校をつくるのか」を話します。ここでいう「みんなで」の中には、もちろん1年生も含まれます。全校児童と全職員を合わせて「みんなで」なのです。

市町村によって違いはありますが、全国的には始業式が先で翌日以降に入学式を実施する学校が多いようです。

そこで、始業式で2〜6年生に話をした内容を入学式で1年生にも伝えます。内容は同じでも、伝え方（話し方）は始業式と入学式では異なります。1年生向けにアレンジが必要です。

ここで紹介するのは、学校をさらによくするための3つのキャッチコピー【えがお・あいさつ・そろえる】を使った校長式辞です。語呂がよいので、1年生の記憶に（保護者の記憶にも）残ります。

□**概要**

この年（2022年度）、筆者は学校経営の重点を【えがお・あいさつ・そろえる】の3つのキャッチコピーで示した。

始業式は、新型コロナウイルスの感染予防のためオンラインで行い、2〜6年生には画面を通して3つの言葉を伝えた。

翌日の入学式でも同じ内容を話し、自分たち（1年生）も大切な学校の一員であることを意識づけた。

（以下に紹介するのは、全校児童595名、新入生96名の学校での入学式の式辞です。2022年4月、コロナ禍3年目の春です。感染対策に万全を期しての実施でした）

96人の新入生の皆さん。
ご入学、おめでとうございます。
最初に、担任の先生を紹介します。
1組、〇〇〇〇先生
2組、〇〇〇〇先生
…
以上、6名の先生です。
よろしくお願いします。

1年生の皆さん。皆さんは、今日から〇〇小学校の1年生です。
窓の外を見てください。桜が満開ですね。
まるで、皆さんの入学をお祝いしているかのようです。
では、校長先生の方を向いてください。

■**ポイント**

新型コロナウイルス感染症予防のため、式場の窓を開け、常時換気をした。保護者には会場が寒くなる場合があることを事前に連絡した。

時間を短縮するために、担任紹介は式辞の中で行っている。学年は3クラスだが、特別支援学級担任と学習支援担当を加えると計6名になる。6名全員を「1年生の担任の先生」として紹介している。

ちょうど式場（体育館）の高窓から満開の桜が見えるので、目で見てわかる内容を入れながら話を進めている（ずっと窓の外を見ている子もいた）。

今日はここにはいませんが、２年生から６年生までのお兄さん、お姉さんたちも、皆さんのことを待っていました。

今年の〇〇小学校の子どもたちは、全部で５９５人です。みんな、とっても仲のよい学校です。困ったことがあったら、優しいお兄さん、お姉さんたちに、何でも聞いてください。

さて、今日は、校長先生から１年生の皆さんに、覚えてほしい３つの言葉があります。

１つ目は、**「えがお」**です。

友だちと仲良く、にこにこ笑顔で毎日を過ごしましょう。

２つ目は、**「あいさつ」**です。

朝はどんなあいさつをしますか。

では、昼はどんなあいさつをしますか。

他にもたくさんありますね。

あいさつをすると、気持ちがすっきりします。

３つ目は、**「そろえる」**です。

はきものや勉強の道具をきれいにそろえると、心がそろいます。心がそろうと、一生懸命に勉強したり、けがをしないで元気に遊んだりすること

感染予防のため、在校生は休業日となっている。

「仲のよい学校」で「優しいお兄さん・お姉さん」がいることを伝え、安心感をもたせる。

数（３つ）を示し、話を聞く心構えをもたせる。

もちろん、校長も笑顔で。

「おはようございます」という声が返ってくる。子どもたちの反応を受けて、「昼は？」「夜は？」「寝る前は？」というふうに、対話的に進める。

規範意識は、整理整頓で育つ。

はきものや勉強道具をそろえることを入学してすぐに指導する。

ができます。

【えがお・あいさつ・そろえる】、覚えましたか。

では、1年生のみなさん、本当は明日から…と言いたいところですが、明日と明後日はお休みですので、月曜日から元気に学校に来てください。

以上で、式辞といたします。

※コロナ禍での入学式の実施にあたって、教育委員会から通知がありました。内容は、新入生の健康観察（検温など）、マスクの着用、会場の換気、席の間隔、保護者の参加人数、2~6年生は休業日（参加しない）、来賓の臨席なし、できるだけ短時間での実施…などなど、細部にわたりました。

不安なことも多々ありましたが、「1年生を温かく迎えたい」という思いのもと入学式を実施できたことは貴重な経験になりました。

（佐藤幸司）

始業式では、このスライドを見せて2~6年生に話をした。

今年1年ますますよい学校にしていくための3つのキャッチコピー。

保護者が1年生教室に行くことは禁止（密になるため）。児童が体育館に戻るまで時間があったので、その場を利用して校長から保護者にあいさつをした。

第2章　卒業式の式辞

自立から自律の時代へ

ご卒業おめでとうございます。皆さんは、4月からいよいよ中学生です。小学校は、自分のことを自分でできるようになる、いわば「自立」の時代でした。しかし、これからは「自律」の時代に入ります。

「自律」とは「自分」を「律する」と書きます。**自分の気持ちや行動を自分でコントロールすること**です。人に言われるのではなく、自分で、考え決めたことを自分できちんと守っていく。自分の目標や夢に向かって、着実に努力を続けていく。怠けそうになる自分、くじけそうになる自分をコントロールし、前へ前へと進んでいくのです。

それが、自律ということです。簡単なことではありません。これから中学校、高等学校と、少しずつ自律した人間に成長していくのです。

では、どうしたら自律できる人になれるのでしょうか。私たちの脳の働きという点から3つのアドバイスを送ります。

□**概要**

「自立」から「自律」へという視点でこれからの生活を捉えることで、中学校での考え方や心構えをもてるようにする。また、「自律」に向けた具体的なアドバイスをすることで、前向きな気持ちを抱けるようにする。

1つ目は、**自分ができることに目を向ける**ことです。

そもそも、私たち人間の脳は、「できそうだ」「やってみよう」などプラスなことより、「無理だ」「できない」などマイナスなこと、ちょっと難しい言葉でいうとネガティブなことに目を向け、反応しがちです。

私たち人類が誕生して、99・9％は、獲物を追いかけ狩りをしていた狩猟採集生活です。危険な野山を駆けていきます。猛獣と出会うこともあります。いつ命を落とすかわかりません。そんな環境では、「これは危ないかも」「できないかも」など、マイナスなことに目を配って行動した方が生き残る可能性が高くなります。そのため、私たちの脳は、マイナスなことによく反応して働くようになってきたのです。

でも、いつも「自分には無理だ、できない」と思っていると辛いでしょう。それでは自分の可能性を閉じ込めてしまうことになります。だから、脳科学者の人たちは、マイナスにいきそうな自分の脳をだましてプラス（ポジティブ）になれるようにすることが大切だと言います。

その1つが、自分ができることに目を向けるということです。些細なことでいいんです。人と比べる必要はありません。「これができる」「あれができる」と、自分ができることに目を向けるのです。そうすると、少し自分を認められるようになります。自信がついてきます。

■ポイント

人類の進化の過程を取り上げ、ネガティブな気持ちを抱くことに安心感をもたせる。そのうえで、ポジティブな気持ちをもつための具体的な方法をアドバイスする。そうすることで、「自分にもできそうだ」「やってみたい」という前向きな気持ちを抱けるようにする。

さらに、できないことにチャレンジするときも、ちょっとがんばればできる、背伸びをすれば手の届く目標を立てることです。そうすることで、「できなかった。でも、できるようになった」という体験を積み重ねていくことができます。

2つ目は、**みんなが安心できる環境を創る**ことです。

私たち人間の脳は、心理的安全性がないとよく働きません。安心していろんな発言ができる、行動ができる、そんな環境が大切なのです。

例えば、クラス、部活においてだれかをバカにしたり、仲間はずれにしたりする、そのように友だちを否定する環境の中では、私たちの脳は十分に働くことができません。なぜなら、いつ自分が否定される立場になるか不安だからです。友だちを否定することは、自分自身を否定することと同じです。安心して、考える、発言する、行動することなどできません。お互いに成長できないのです。

一人ひとりの友だち、仲間を大切にする、敬意を払う。それが自分自身を大切にするということです。認め合い、支え合い、安心できる環境を自分たちの手で創っていくことです。

3つ目は、**何事にも全力投球で挑む**ことです。将来に向けて夢や目標をもつことは大切です。しかし、最初からそれにとらわれ過ぎると、これは

単に友だちや仲間を大切にするという話ではなく、自己の成長と「安心できる環境」という視点から、友だちとの関係について捉え直しをさせる。

自分に関係がある、関係がない、役に立つ、役に立たないなど、身の回りの物事を損か得かで判断しがちになります。

「関係なさそうだから適当にやっておこう」

「あまり役に立ちそうにないからやめておこう」

このような考えは、自分の才能を発揮するために必要な「何事にも全力投球で挑む」という習慣を奪ってしまいます。

中学校では、授業はもちろん、朝自習、掃除、部活動、委員会、家庭での仕事、地域での活動など、どんどんやりましょう。自分に関係がある、関係がない、役に立つ、役に立たないなどを考えず、興味があること、役割として任されたことは全力投球でがんばってください。そのことで新しい気づき、考えが生まれます。これからの新しい目標が生まれることもあります。

「自分ができることに目を向ける」「みんなが安心できる環境を創る」「何事にも全力投球で挑む」、この3つのことに気をつけて、自律できる人を目指してください。

君たちの輝かしい未来を期待しています。

（佐藤俊幸）

子どもたちは、興味のあること、やりたいことだけをがんばればよいと思いがちである。すべての物事は自分の成長につながっているということに目を向けさせ、全力投球の大切さを意識させる。

最初の一歩を踏み出そう

ご卒業おめでとうございます。

皆さんは、いよいよ4月から中学生です。

この卒業式で君たちが歌う曲のタイトルは、『最後の一歩　最初の一歩』ですね。

この『最後の一歩　最初の一歩』の歌詞の中にも出てくるように、皆さんは、今から未来に向けた「最初の一歩」を踏み出すのです。

しかし、「最初の一歩」は何も中学校に入学するときや高等学校に入学するときだけに踏み出すわけではありません。

これから生活の様々な場面において、「最初の一歩」を踏み出す瞬間があります。勇気をもってその一歩を踏み出すことで、皆さんは成長していくわけです。

□**概要**
人は、人生の節目節目で、成長への一歩を踏み出していく。「最初の一歩」をテーマにして、前向きに努力していくことの大切さを語ることで、中学校に向けての意欲や希望を高める。

さて、『はじめの一歩』という漫画の本があります。

主人公の幕之内一歩は、いじめられっ子でした。ある日、不良にからまれているところを鴨川ジムでボクシングをしている鷹村守という青年に助けられ、それがきっかけでボクシングを始めます。

「強さってなんだろう」「自分を変えたい」という思いから、この漫画の題名のように「はじめの一歩」を踏み出したのです。

一歩を助けた鷹村守は、天才型のボクサーです。あらゆる技を短期間で身につけ、世界チャンピオンに駆け上っていきます。それに対して一歩は亀のような存在です。1つの技を身につけるのにも、いろんなことに気づくのにも、人の何倍も時間がかかってしまいます。

でも、ひたむきに努力を続けます。

試合に敗れたとき、「次こそは勝ちたい!」と新しいチャレンジに向けて「はじめの一歩」を踏み出します。

不器用な自分に悩んだとき「自分はいろんな技を習得できない。自分にふさわしい1つの型を見つけ、それを身につけよう」と決心し、猛練習に向け「はじめの一歩」を踏み出すのです。

試合に敗れたとき、苦しい練習から逃げ出しそうになったとき、「自分はもう限界だ」とあきらめかけたときなど、様々な場面において、「はじ

■ポイント

子どもにとって身近な漫画を題材にすることで、主人公の生き方を共感的に捉えられるようにする。

主人公を例にして、「はじめ（最初）の一歩」は人生の様々な場面にあること、前向きな一歩を踏み出すことの大切さをつかませる。

めの一歩」を踏み出すのです。
人には、次のような3種類のタイプがあるといいます。

1　何事もすぐ気づく人、できるようになる人
2　少し遅れて気づく人、できるようになる人
3　うんと遅れて気づく人、やっとできるようになる人

私たちは1がいいなと思います。そんな人を見たらうらやましくなるし、憧れます。そして、もし自分が3のようなタイプだったら、自信がなくなります。「どうせ自分はダメな人間だから」と落ち込みます。でも、本当にそうでしょうか。先ほど話した幕之内一歩は、間違いなく3のタイプです。

「遅れて気づく」「やっとできるようになる」ということは、それだけの時間、考え続けてきた証拠です。**練習を続けてきたという証拠**です。このような人は、努力を続けることの大切さを知っています。少々のことでめげない、粘り強さ・たくましさを身につけていきます。

それに比べて、すぐ気づく人は、それ以上考えないし、練習もしません。練習の大切さもわからないし、今まで経験したことのない困難に出合うと

子どもたちは、できないことを否定的に捉え、「自分はダメだ」とあきらめがちである。そういった視点を変え、努力することの大切さ、その過程で身につけるものの大きさに目を向けられるようにする。

すぐにあきらめてしまうこともあります。

世の中で大きな偉業を成し遂げたのは、1のようなタイプの人たちばかりだと思いがちです。しかし、私たちが考える以上に、3のタイプの人たちが多いのです。

どんなに努力をしても、失敗したり、負けたりすることはあります。そのときは、新たなチャレンジに向けて、まずは「最初の一歩」を踏み出しましょう。

努力は、必ずしも成功を保証してくれないかもしれない。でも、間違いなく君たちの成長は保証してくれます。

これからの輝かしい未来を期待しています。

保護者の皆様、お子様のご卒業、誠におめでとうございます。

子どもたちに「最初の一歩」について話をしました。しかし、子どもたちは今しか見えません。今がんばっている、悩んでいる、苦しくもがいているこの道が、どこにつながっていくのかわからなくなるときがあるかもしれません。私たち大人は、歩んできたすべての道が今につながっていることがわかります。人生にむだな時間などはありません。今があるから明日の自分があります。すべてが価値ある時間です。子どもたちが歩んでいく道をしっかり支えてあげてください。


（佐藤俊幸）

今しか見えない子どもたちは、現状に悩み、苦しむことが多いので、道標を示してあげてほしいことを保護者に伝える。

【参考文献】

・森川ジョージ『はじめの一歩』（講談社）

時には叶わない夢と対峙し、時には夢を変化させて

○○小学校にも温かい春が訪れ、皆さんの旅立ちを祝福しているように見えます。卒業生の皆さん、改めてご卒業おめでとうございます。今、小学校生活との別れを惜しみつつ、4月からの新しい世界への期待も大きく膨らんでいることでしょう。

さて、2月に6年生の皆さんに「夢の叶え方」の授業をしました。いつも夢を意識していれば、夢に関する情報が得られ、夢に近づける、という話でしたね。今日は、前回の夢の授業の続きの話をします。

夢を叶えたいと思うなら、一度や二度の失敗であきらめないこと、何度も何度も挑戦することが大事です。私ごとですが、私は教頭先生になる試験に3回落ちました。4回目の挑戦でやっと合格、4年かかりました。もし3回目であきらめていたら、教頭先生にも校長先生にもなれませんでした。つまり今ここで話をしていないし、こんなにすてきな○○小学校の皆

□概要

まずは、春の訪れを感じさせるような季節感のある言葉から入り、卒業を迎えることができたことを祝う言葉を述べる。

次に、夢を巡る話をする。卒業前に校長が夢について授業をしたことを想起させながら、話を展開し、将来へのエールを送る。

最後に、来賓へのお礼と保護者へのお祝いの言葉を述べる。教職員の代表として、卒業の餞とする。

さんにも会えませんでした。夢をあきらめなくてよかったと思います。

では、「夢の宝地図」を描いて、毎日夢を意識して、そのために練習や準備をしていれば、絶対に夢は叶うのでしょうか。ちょっと残酷かもしれませんが、世の中はそんなに甘くはないのです。もしかしたら、世の中には思い通りにならないことの方が多いかもしれません。何度挑戦しても叶わない夢もあるでしょう。そんなとき、まだまだ挑戦するか、あきらめて他の夢を見つけるか、悩むことになります。そんなときには、**「後悔しない方を選ぶ」ということが大事**です。

私はランニングが趣味です。ときどき10㎞マラソン大会や21㎞ハーフマラソン大会に出ています。自分で大会に参加することを決めたのに、走っている途中で辛くなると「ああ、なんで走ることにしたんだろう。家でゴロゴロしていればよかったな」と思うときがあります。でも、大会に出なかったら、「出ればよかった」と、もっともっと後悔する自分がいることをだれよりも自分自身が知っているのです。だから私は、困難なことがわかっているのに、大会に出て走ることを決断するのです。

夢にも分かれ道があって、どうするか選択しなければならないとき、皆さんも自分自身に問いかけ、**たとえ困難であっても後悔しない方を選んでいってほしい**と思います。「あのときこうすればよかった」と思っても時

■ポイント

努力すれば必ず夢は叶うという話は、後に自己嫌悪や落胆、無用感を引き寄せてしまうことがある。努力も大事だけれど、それでも叶わないことは往々にしてあること、自分の意思で夢を方向転換させ、懸命に生きていればチャンスが巡ってくることもあることを伝えます。1つの夢に固執せず、しなやかな生き方をしていってほしいという願いを込める。

どこかのだれかの話ではなく、校長自らの体験や生き方を示すことで、印象深く心に残る。

間は決して戻ってはくれないからです。

後悔しない方を選び、どんなに努力しても、やっぱり叶わないこともあります。どうあがいても叶わない夢に出合うこと、例えば、思い通りの学校に行けなかったとか、思い通りの仕事に就けなかったということもあると思います。勝ちたい試合に勝てないことも、好きな人に振り向いてもらえないこともあるでしょう。

こんなふうに夢を手放したとき、そのときの「在り方」がその後の人生を左右することになります。やけになっていじけたり、悔しくて落ち込んだりして、人生なんてどうでもいいやと思ってしまうのは、とても残念なことです。そんなときに、渡辺和子さんという方の名言**「置かれた場所で咲きなさい」**という言葉を思い出してほしいと思います。この言葉は、与えられた場所で、文句や愚痴を言わずがんばりなさい、ということです。実はこれはとても大事なことです。

与えられた場所でがんばっていると、次の夢が見つかることがあります。やりたいことが見つかるかもしれません。愚痴や文句を言わず、一生懸命にそこで活動している姿を見た人が、次の夢のとびらを用意してくれることもあるでしょう。**夢が叶わなかったときの姿勢が、その後の人生に大きく影響する**のです。

希望校に合格できない、希望する仕事ができない、試合に敗れる、失恋するなど、これから出合うであろう具体的な事象を提示することで、そのときにこの話をどこかで思い出してほしいという願いを込める。

人生は自分の心のもち方次第であることを示す。いくらでもやり直しはできるし、いろいろな生き方を選べる。柔軟で強い心をもつことで、たくましく生きていくことができるのだと伝える。

皆さんは、どんなことがあっても、へこたれず、明るさを忘れず、仲間とともにできることを見つけてきました。だからこそ、今日晴れやかに卒業式を迎えることができたのです。だから、これからもきっと大丈夫。

答えが1つではない複雑な世の中だと言われている未来を生き抜く皆さん。たくさんの夢を思い描いて、時には叶わない夢と対峙して、時には夢をいろいろな形に変化させて、充実した人生を送ってほしいと思います。

結びになりましたが、ご来賓の皆さま、本日はお忙しい折、本校の卒業式にご臨席賜りまして、誠にありがとうございます。

そして、保護者の皆様、お子様のご卒業を心よりお慶び申し上げます。おめでとうございます。保護者の皆様におかれましては、本校の教育活動にご理解、ご協力いただいたことに、深く感謝申し上げます。ありがとうございました。

教職員一同、子どもたちの輝く未来を心より祈念しております。

つたない話でありましたが、これをもちまして、私の式辞とさせていただきます。

本日は、誠におめでとうございます。

（藤木美智代）

「あなたたちなら大丈夫」と自信をもたせて送り出す。

来賓、保護者へ、感謝の気持ちを丁重に伝える。卒業生も聞いているので、同じ気持ちをもつことを期待している。

「教職員一同」として、先生方の思いを校長が代表して述べていることを伝える。今までの担任も応援していることが伝わる。

【参考文献】

・渡辺和子『置かれた場所で咲きなさい』（幻冬舎）

あなたが主人公の物語
第2章の始まり

○○小学校にも暖かい春が訪れました。校庭の木々から、春を待ちわびたウグイスたちが、まだたどたどしい、けれど皆さんの門出を祝福するようなかわいい声で鳴き始めました。

保護者の皆様、本日はお子様のご卒業、誠におめでとうございます。お子さまの健やかな成長をお慶び申し上げます。

また、ご来賓の皆様におかれましては、多用の中ご臨席賜りまして、誠にありがとうございます。本校児童をいつもお見守りいただき、この場を借りて改めて感謝申し上げます。

卒業生の皆さん、改めてご卒業おめでとうございます。今、小学校生活との別れを惜しみつつ、4月からの新しい世界への期待も大きく膨らんでいることでしょう。

6年間、特に高学年になってから、下学年の模範となり、○○小学校の

□**概要**

まずは、春の訪れを感じさせるような季節感のある言葉から入り、保護者へのお祝いの言葉と来賓へのお礼を述べる。

次に、6年生にお祝いの言葉とこれまでの活躍への感謝を述べ、自分が人生という物語の主人公であるという話をする。

最後に、教職員一同、みんなで応援していること、ときどき会いに来てもよいというメッセージを送る。

ために力を惜しまず活躍してくれたことに、とても感謝しています。ありがとうございました。

そして今、卒業証書を受け取るときの返事と、私に向けられた瞳から、しっかりとした「覚悟」が感じられました。あなたたちなら大丈夫だと確信しました。

さて、「産声」とは何か知っていますか？　生まれた赤ちゃんが、世の中の空気を思い切り吸い込んで、はじめて泣くときの声です。12年ほど前、あなたたちが生まれるとき、おうちの方はその声をどれだけ待ち望み、その声を聞いたときにどれだけ喜んだことでしょう。

今日の卒業式の立派な返事を、私は**「第二の産声」**だと思っています。6年間、生活してきた小学校の空気を思い切り吸い込んで、大きな声で返事をする。それは、中学校という新たな世界へ飛び込んでいく「覚悟」を感じさせてくれました。そして、今「第二の産声」を聞いたおうちの方には、皆さんからの「感謝」も伝わったはずです。

人生。人生は一人ひとりの物語です。一人ひとりの物語の主人公は、他でもない自分です。産声を上げたときから始まった、あなたが主人公の物語。物語は、これから第2章に入っていきます。

物語のおもしろいところは、思いもよらないことが起きたり、苦しいこ

■ポイント

6年生が学校のために活躍してくれたことに対し感謝を述べる。地域の方や保護者への報告にもなる。

「産声」という話から、生まれたときから愛されていたことに気づかせ、卒業証書授与の返事を「第二の産声」と例えることで、新たな出発であることを意識させる。

中学校生活だけでなく、「人生」という長い将来を見据えた話をする。中学校はその中の「第2章」であることを伝える。

とや悲しいことが起きたりするところです。でも、そこからどんでん返しがあったり、幾多の困難を乗り越えて最後には幸せが待っていたりするところがおもしろいのですよね。

皆さんの人生にも、この先、いろいろなことが巡ってくると思います。何も起こらない物語より、何かが起きる物語の方がおもしろいし、楽しみではありませんか？　そして、どのように話を展開するかは、主人公のあなたにかかっているなんて、ワクワクしかありませんね。

物語には必ず登場人物が出てきます。いばりんぼうのジャイアン、意地悪なスネ夫。でも、彼らがいなかったら、ドラえもんのお話は全然おもしろくありません。**世の中にはいろいろな価値観をもった人がいる**のです。

人生という物語においても、様々な人が登場してくることでしょう。気の合う友だちもいれば、気の合わない人もいるはずです。困ったことがあれば、一緒に解決してくれる仲間もいます。ドラえもんのように頼れる友だちにも出会えることでしょう。1人ではないことの幸せを味わってほしいと思います。

卒業アルバムにも書きましたが、山本有三という小説家が書いた『路傍の石』という話の中に出てくる一節を紹介します。担任の先生が吾一という少年に語った言葉です。

何も起こらない物語はありえない。何かが起こるから物語はおもしろく、それは人生も然りだということを伝え、前向きに人生を捉えさせる。

ドラえもんの登場人物を例に出し、多様な他者の存在を受け入れ、その関わりが楽しいのだと理解させる。

卒業アルバムに記したことと重複しても、それだけ強く伝えたいのだということは理解してもらえる。

たったひとりしかない自分を、
たった一度しかない一生を、
ほんとうに生かさなかったら、
人間、生まれてきたかいがないじゃないか

さあ、これから人生の第2章が始まります。
自分を大切にして、いつでも感謝の気持ちを忘れずに、たくさんの人と関わって、あなただからこそ描くことのできる幸せな物語を紡いでいってください。
○○小学校の先生たちは、皆あなた方の幸せを応援しています。ときどき物語の続きを聞かせに来てくださいね。
皆さん一人ひとりのかけがえのない人生が、楽しく幸せでありますようにお祈りしています。

（藤木美智代）

中学校生活を目前にしている卒業生の不安を取り除き、希望をもってスタートラインに並んでほしいこと、そのことを先生たち皆で応援していることを伝える。

【参考文献】
・山本有三『路傍の石』（新潮文庫）

ゴールはハッピーエンドに決まっている

　校庭の梅の花が咲き、一番に春の訪れを知らせてくれました。それに応えるように、桜のつぼみが膨らみ始め、いよいよ本格的な春がもうすぐそこまで来ていることを知らせてくれます。このよき日に、卒業を迎える皆さん、ご卒業おめでとうございます。

　今日は、皆さんの卒業をお祝いするために、芦屋市教育委員会教育長○○様をはじめ、たくさんのご来賓の方々にお越しいただきました。本当にありがとうございます。高いところからではございますが、厚く御礼申し上げます。

　皆さんは、6年生になって、日々の授業はもちろん、いろいろな学校行事にもしっかり取り組んで、さすが6年生という姿を、何度も見せてくれました。

□概要

「これからの人生、辛いことがあったとしても、それは一時的なことであり、最後には必ずハッピーエンドな結末を迎えるのだから、くよくよしないでポジティブに生きていきましょう！」というメッセージを「ゴールはハッピーエンドに決まっている」という言葉に込めて卒業生に送る。同様の内容を卒業文集に書くこともある。

4月の入学式。1年生の手を取って入場する姿には、最高学年としての自覚とやる気が感じられました。運動会での「○小ソーラン」「組体操」、音楽会での合奏「運命」、展覧会での立体作品「未来の私」など、6年生の皆さんが創り上げた演技や作品の数々は、見ている人に感動を与え、在校生のあこがれ、そして目標になったことと思います。

さて、皆さんは、先ほど卒業証書を手にしました。小学校の教育課程をすべて修了した証です。

でも、小学校卒業は、君たちのゴールではありません。**ハッピーエンドなゴールは、まだまだ先にあります。**

「ゴールは、ハッピーエンドに決まっている」

校長先生が好きな言葉です。

これからの人生、自分の思った通りにいかなかったり、自信をなくして、くじけそうになったりすることがあるかもしれません。でも、たとえ辛くてしんどい思いになったとしても、最後の最後には、ハッピーエンドになってしまうのです。そう思うことができたら、大ピンチの自分に対しても「果たして、このピンチをどう切り抜けるのか。がんばれ、自分！」というように、エールを送ることができます。**少し気持ちの余裕をもって、そ**

■ポイント

最初に、この1年間の思い出を振り返る。運動会での表現運動のプログラム名をあげるなど、できるだけ具体的に話をしていく。

卒業式の式辞のクライマックス。入学式と違い、ここはしゃべり一本で勝負する。手元の原稿に目を落とすことなく、子どもたちの目を見て話す。左奥に座っている子どもから右奥に座っている子どもに、そして左前の子どもから右前の子どもへと、「Z」型に視線を動かしていくと、すべての子どもたちと目を合わせることができる。

のときの状況に対応することができるようになります。

また、どうせ最後にはハッピーエンドになることがわかっているのですから、ピンチのときにあえてバタバタせずに、「今は休けいタイム」と考えて、エネルギーを溜めることもありになります。**気合いを入れてがんばるか、ちょっとゆっくりするかは、そのときのあなたが決めればよい**のです。

「ゴールは、ハッピーエンドに決まっている」

これからの長い人生、この言葉をときどき思い出してくれればうれしいなぁと思っています。

保護者の皆さま、お子様のご卒業、誠におめでとうございます。

心も体も大きく成長されたお子様の姿にホッとされておられるのではないでしょうか。私たち、教職員一同、お子様の健全な成長を願って全力を尽くしてきたつもりではございますが、力不足の点が多々あったかと存じます。にもかかわらず、6年間、私どもにお寄せいただきましたご厚情に対し、今まで関わらせていただきました教職員とともに深く感謝いたします。ありがとうございました。

いつも前向きに「がんばれ、がんばれ」では、しんどくなることもある。ポジティブなメッセージを伝えるときにこそ、最後に「時には休むことも大切」ということをつけ加えることが必要になる。

保護者や来賓へのお礼の言葉は、熱く語ることなく、淡々と話す。ただし、笑顔だけは忘れないように気をつけたい（筆者はこのパートが苦手で、「校長先生は、いつも来賓への謝辞のところでかみますよね」とよく教頭先生からいじられた）。

最後にもう一度言わせてください。

卒業生の皆さん、今日は本当におめでとうございます。

私は2年間のおつき合いでしたが、あなたたちと時間をともに過ごせたことに感謝し、大切にしたいと思っています。

笑顔がすてきな皆さんでした。

「笑う門には福来る」には「いつも笑っている人の家には、自然に幸福がやって来る」という意味の他に、「悲しいことや苦しいことがあっても、希望を失わずにいれば、幸福がやって来る」という意味もあるそうです。これからの長い人生には辛いときがあるかもしれません。でも、**逆境のときにこそ、「ゴールはハッピーエンドに決まっている」のですから、笑顔を忘れてはいけない**ということです。

これからも、学年目標「自進」のごとく、自分が正しいと判断した道を自信をもって進んでください。卒業生の皆さんの未来は、ハッピーエンドに決まっています。皆さんが、笑顔を大切にして、ハッピーエンドな人生に向けて自ら考え進んでいくことをお祈りして、私の式辞とさせていただきます。


（俵原正仁）

保護者へのお礼の言葉が終わったら、少し間を空けて、最後のメッセージを話す。ここで間を空けることで、校長からの最後のメッセージを聞く子どもたちの集中力が高まる。

締めの言葉は、その学年の学年目標を入れて終わる。「これからも、学年目標『○○』のごとく、…してください」は締め言葉の決まり文句として使える。

「おとなにちかづいていく」君たちへ

卒業生の皆さん、ご卒業、おめでとうございます。

そして、保護者の皆様、お子様のご卒業、誠におめでとうございます。

心も体も大きく、たくましく立派に成長し、卒業証書を受け取る姿を見られ、お喜びもひとしおのことと存じます。

この6年間、保護者の皆様には、本校の教育に対しまして、ご理解とご協力いただきましたことに感謝申し上げます。本当にありがとうございました。

さて、今から1冊の絵本を紹介します。
『ぼくとがっこう』という絵本です。
「うちにいるとぼくはこども
ぼくはぼくでいられる」

□概要

卒業式でも絵本を登場させる。さすがに、卒業式で手遊びをしたり、よそ見をしたりする子はいないので、子どもたちの目を壇上に誘導するという意図ではなく、ただ単に、卒業前の子どもたちに読み聞かせをしたい絵本がいくつもあるからである。ここでは、『ぼくとがっこう』という絵本を使う。

（中略）

「いつかがっこうとわかれるひがくる」

「ぼくはすこしずつおとなにちかづいていく」

皆さんもこの絵本の最後のシーンと同じように、今日、卒業します。今日が、君たちの「がっこうとわかれるひ」です。

「すこしずつおとなにちかづいていく」皆さんに、小学校生活最後の校長先生の話をさせてください。

修学旅行で行った広島の平和記念公園に、平和を祈る多くの石碑があったことを覚えていますか。

その1つに、ノーマン・カズンズさんの記念碑があります。

カズンズさんは、戦争が終わった後、原爆で被害に遭った子どもや女の人たちのために手助けをしたり、寄付を集めてアメリカの病院で治療を受けさせたりするなど、広島の人々のために一生懸命力を尽くしました。

その後、カズンズさんは大変重い病気にかかってしまいました。痛みで眠れない日が続きました。当時の医学では、治る可能性は500分の1と

■ポイント

1人の少年が入学してから卒業するまでの様子を谷川俊太郎さんが余白を効果的に使い、詩のように表現した絵本。絵本作家のはたこうしろうさんの絵がまたすばらしいので、ここはぜひ書画カメラやパソコンを使って、大きなスクリーンに投影しながら話をしてほしい。卒業式の場合、卒業証書授与や子どもたちの呼びかけの際、子どもたちの写真をスクリーンに映すこともあると思うので、そのスクリーンを活用することができる。ＢＧＭを入れると絵本の感動がさらに倍増する。

言われ、入院して病院で治療を受け続けたものの、カズンズさんの病気はいっこうによくなりませんでした。

ところが、ある日、カズンズさんは数分間、腹をかかえて笑うと、1時間以上、痛みを忘れて眠ることができることに気づいたのです。病院の治療ではだめだと考えたカズンズさんは、なんと、自分で考えた治療をするために、病院を退院してしまいます。

その治療法とは、「笑い」と「ビタミン」でした。

ホテルに部屋を取ると、ビタミン注射を打って、楽しい映画を見ては笑い、お笑いの本を読んでは笑うという、「笑いっぱなしの生活」を送ったのです。

すると、500分の1の奇跡が起こりました。

病気に勝ったのです。笑うことで、痛みを感じることが少なくなり、免疫力、つまり病気と闘う力が高まったからです。

笑うと、このような「痛みが少なくなる」「免疫力が高まる」のほかにも、「血のめぐりがよくなって体の調子がよくなる」「脳の働きがよくなる」「筋力アップ」「落ち着いた気持ちでいられる」「幸せな気分になれる」など、よいことがたくさんあります。

まさに、**「笑う門には、福来る」**です。

多くの人が「笑うことは身体や心によい」という話を耳にしたことがある。その具体的な例として、ノーマン・カズンズさんの笑うことで難病を克服した話を紹介する。難病ですらクリアすることができたのだから、これからの人生、辛いことや苦しいことがあったとしても、笑顔で前向きに生きていけば、道は開けるというメッセージを子どもたちに伝えていく（年によっては、この話を全校朝会で全校児童に話すこともある）。

卒業生の皆さん、4月からは中学生になります。○○小学校6年間の思い出を胸に、新たに始まる中学校生活を楽しんでください。

でも、「すこしずつおとなにちかづいていく」途中には、辛いことや苦しいことがあるかもしれません。

ただ、**そんなときが来たとしても、カズンズさんのように笑顔を忘れずに前を向いてほしい**と思っています。そうすれば、きっと道は開けます。君たちならできるはずです。

これからも、皆さんが学年目標「挑戦」のごとく、ハッピーエンドな人生に向けて笑顔とともに挑戦していくことをお祈りして、私の式辞とさせていただきます。

「ぼくとがっこう」の第二部は、もうすぐ始まります。

皆さんの活躍、期待しています。

（俵原正仁）

最後にもう一度絵本を見せて、子どもたちにエールを送り、話を終える。

【参考文献】

・谷川俊太郎（文）、はたこうしろう（絵）『ぼくとがっこう』（アリス館）

・ノーマン・カズンズ『笑いと治癒力』（岩波現代文庫）

夢をつかみとれ

朝夕、まだ肌寒い日が続いていますが、確実に校庭の木々の芽は膨らみ始め、暖かな日差しが心地よい季節となりました。

春の訪れを感じるこのよき日に、ご多用のところ、ＰＴＡ会長〇〇〇〇様はじめ、多くのご来賓の皆様、そして保護者の皆様のご臨席を賜りながら、第〇〇回の卒業式を挙行できますことは、卒業生、在校生、私たち教職員にとりまして、誠に大きな喜びでございます。心から、御礼申し上げます。

今、卒業証書を手にした〇〇名の皆さん、６年間の小学校課程を無事に終え、誠におめでとうございます。全員がそろって今日の卒業式を迎えられたことを、とても喜んでいます。

皆さんは、６年前の入学式を覚えていますか。体の小さかった皆さんにとって、背中に背負った真新しいランドセルは、とても大きく、重たいも

□**概要**

卒業式は、小学校における儀式の中でも、一番重要といってよい。

最初に来賓に対しての謝辞を述べる。おそらく主賓はＰＴＡ会長と思われるので、名前を正しく言い、しっかりと一礼したい。

不登校の問題がなければ、あえて「全員」という言葉を入れたい。昨今は全員がそろうことはなかなかないので、それだけでも大きな価値がある。

のだったことでしょう。でも、今ではランドセルを小さく感じる人が多いはずです。その理由は、この6年間で、皆さんの体がぐんと成長したからです。もちろん体だけではなく、心も頭も立派に成長しました。これは、皆さんの努力だけではなく、これまでの担任の先生をはじめ、様々関わってきた先生方や、ご家族の愛情に包まれていたからこそ成し得たことなのです。その意味では、**今日は、お祝いの日「おめでとう」の日であるとともに、皆さんをここまで立派に育ててくださった多くの人たちへの感謝の日「ありがとう」の日でもあります。**

今年度の「もみじっ子」の合い言葉は、あいさつ、きまり、思いやりでした。どれも集団生活を送るうえで欠くことができないことです。この2か月は、思いやりについて、各クラスで独自のめあてをつくり、がんばってきました。6年1組は「思いやり三か条」として、「尊重する心」「聞く心」「助ける心」の3つを設定しました。また2組は「相手意識」を掲げました。さすが6年生らしいことに着目したなぁと感じました。6年生の皆さんは、もみじ班の活動をはじめ、思いやりに満ちたリーダーとして、この○○小学校を立派に牽引してくれました。だからこそ○○小学校が、1年生から6年生まで、笑顔いっぱいの学校でいられたのだと思っています。本当にありがとう。

■ポイント

6年生自身に自分たちの成長を自覚させるとともに、卒業式が多くの人たちへの感謝の日でもあるのだという話をする。次に、校内の生活指導または児童会で、今年度継続して取り組んできたことを話題にする。例示したのは「もみじ児童会」という名称なので、「もみじっ子」「もみじ班」（縦割り活動班）と使っている（各校に応じて変える）。

6年生がクラスごとに取り組んできためあてなどは、教室掲示や学級だよりを見ると、それぞれのポイントをつかめる。

また、6年生と過ごした校長自身の思い出を語ることがあってもよいだろう。

ところで、6年生の教室に行くと、どちらのクラスも、自画像とともに学級目標が掲げられています。1組には「みんなで声を出し高め合う」「冒険、一生懸命、素敵発見」の文字が光っています。また2組には、9つのスローガンが掲げられています。私が特にすてきだなぁと思ったのは、2つのクラスに共通していた内容、つまり、1組の「恥ずかしがらずチャレンジ」、2組の「勇気をもって恥をかく」というフレーズでした。

これからの未来を歩む皆さんにとって何よりも大切なことが、大いに恥をかき、とにかく挑戦するという前向きな気持ちです。ありがとう集会の際、即興で書いてくれ、今もボランティア室の前に掲示されている「夢をつかみとれ」という言葉。6年生の皆さんの思いが、その言葉に凝縮されているように思います。

皆さんは、中学校に進学すると、今まで以上に様々なことを経験し、新しい出会いも生まれます。ぜひ、自分の願いやよさをしっかりと自覚し、自分らしく進んでいってください。そして、皆さんも大きな夢をもち、自分の力でつかみとってください。夢をしっかりと定め、その夢に向かってコツコツと努力していってください。校長先生はじめ、すべての先生方が皆さんを心から応援しています。

中学生になるにあたって、学年または学級で取り組んできたことを基に、それを称賛するだけでなく、これから中学校生活を迎えるにあたっての贈る言葉にもつなげたい。

例示したのは、各クラスごとに掲げていた学級目標や、卒業式前に行った児童集会での様子。どの小学校でも、卒業前には様々な取組があるので、それを来賓や保護者に紹介し価値づけていきたい。

夢に関連させて、卒業生へのはなむけの言葉を考える。大切なことは、子どもの思いに添って、話題を膨らませていくこと。

ご臨席いただきました保護者の皆様、本日は誠におめでとうございます。お子さんの成長に、感慨もひとしおかと存じます。ＰＴＡ活動をはじめとして、今まで当校にいただいたご厚情に、厚く御礼申し上げます。

4月からは、夢と希望に満ちた中学校生活が始まります。小学校生活とは違う新たな不安や悩みも、当然起きてくるかもしれません。また時には、成長にとって欠かすことができない、数々のハードルが待ち受けているかもしれません。どんなときにもお子さんの声に耳を傾け、心に寄り添った温かい支援をしていただきますよう、心からお願い申し上げます。

最後になりましたが、時節柄ご多忙のところ、ご臨席を賜りましたご来賓の皆様、本日は誠にありがとうございました。今後とも温かいご支援・ご協力を賜りますようお願い申し上げます。

卒業生の皆さんの新しい門出を祝い、中学校での活躍と健闘を、心から祈り、式辞といたします。

（間嶋　哲）

保護者へのあいさつは、保護者席に視線を移し、感謝の気持ちをもって話したい。

保護者に対しても、子どもは連続して成長していくものだという意識をもっていただくために、小学校生活と同様に、子どもの声に耳を傾けるよう促しておきたい。

冒頭で来賓への謝辞は済んでいるが、締め括りとして、もう一度軽く触れておく。

君たちはどう生きるか
あなたにしかできないこと

　校庭の木々の芽が膨らみ始め、時折吹くさわやかな風が心地よい季節となりました。春の訪れを感じるこのよき日に、ご多用のところ、ＰＴＡ会長〇〇〇〇様はじめ、多くのご来賓の皆様、そして保護者の皆様のご臨席を賜りながら卒業式を挙行できますことは、卒業生、在校生、私たち教職員にとりまして、誠に大きな喜びでございます。心から御礼申し上げます。

　今、卒業証書を手にされた皆さん、６年間の小学校課程を無事に終え、誠におめでとうございます。私は、皆さんが６年生になったときから一緒に過ごしました。〇〇小学校のリーダーとして、常に汗を流している姿を、様々なところで拝見してきました。

　入学式に始まり、１年生に校歌を教える活動、運動会や文化祭の準備や、後片づけ、プール清掃など、縁の下の力持ちとしてがんばってくれました。また縦割り班で行った全校遠足や「若草チャレンジ大会」などは、一人ひ

□概要

　ここでは、１年間を通した行事等を振り返りながら、６年生との思い出を語り、それを評価することを取り入れる。例示は１年間だが、卒業生と過ごした日々の長さによって適宜変えていってもよい。しっかりとこれまでの活動を見て、よい姿を記録しておく必要がある。

とりがリーダーとして、見事に活躍してくれました。

さらに「6年生を送る会」では、さすが6年生と思わせる姿を存分に見せてくれました。皆さんの姿にあこがれをもった在校生も大勢いると思います。「ありがとうプロジェクト」では地道な校舎清掃や、卒業記念ともいうべき「跳び箱デコレーション」などをしてくれました。ひたむきで創意工夫に満ちた仕事を全力で行う皆さんの姿に、後輩たちは大きな影響を受けたと思います。

6年生とは修学旅行に一緒に行きました。旅行当日は、船から、飛んでいるカモメにえさをあげたり、沈みゆく夕日が水平線の下に隠れる瞬間を、みんなで眺めたりしました。またバスの中では、とにかく明るく和気あいあいと過ごす皆さんの姿が、とても印象的でした。皆さんの明るさや、前向きさ、仲のよさ、素直さは、どこの小学校にも負けない大きな能力だと思っています。

また、このようなお手紙も先日いただきました。校長先生が、毎日行っている校門でのあいさつのことに触れてくれていました。「校長先生、いつもありがとうございました」というタイトルでしたが、むしろ私自身が皆さんに感謝したいくらいでした。なぜかというと、毎朝皆さんからも明るいあいさつをしてもらうことで、私自身が楽しい1日を過ごすことがで

■ポイント

卒業前には、多くの小学校で「6年生を送る会」などの児童会行事や、学校への貢献活動がある。そこで見たよい姿も、参列者全員に紹介したい。

6年生にとって思い出となる行事の1つが、修学旅行だろう。校長が引率する場合も多いので、そのときの様子にも触れていく。

校長として日常的に行っている活動も様々だが、例えば毎朝のあいさつ運動をしていれば、そのことに触れた感謝の言葉や手紙を受け取ることもある。その際は、できれば実際の手紙を見せたうえで、感謝の気持ちを伝えたい。

きたからです。また、あいさつのレベルも日に日に高くなり、皆さんの成長を垣間見ることができたからです。やはり、気持ちのよいあいさつは、人間が生きていくうえで最も大切なことだと改めて実感しました。

さて、卒業にあたり私が最も好きな本を紹介します。吉野源三郎さんの『君たちはどう生きるか』という本です。この本は、もともと、今から約90年前の昭和12年、当時すでに『路傍の石』などで著名だった山本有三さんが病弱であったため、雑誌の編集者であった吉野さんが代わりに書いたものと言われています。約10年前、漫画版も発売され、２００万部を超える大ベストセラーになりました。時代を超えて、そして漫画という表現形態になり、不朽の名作となったのです。私はここで、この本の価値には言及しません。読んだ人一人ひとりの受け止め方があるからです。

私が皆さんに知ってほしいことは、**偶然、売れっ子作家の代理で書くことになった吉野さんが、当時、日本は戦争中で自由な表現ができない環境であったにもかかわらず、命がけで作品を生み出した**ことです。

漫画版をかいたのは、羽賀翔一さんという漫画家です。羽賀さんは、もともと国語の教師を目指していたそうなのですが、好きな漫画をかいていきたいと心に誓い、漫画の世界に飛び込んだのです。羽賀さんの漫画を昔から知っていた人が、ぜひこの人にお願いしたいと推薦してくれたからこ

式辞の中に盛り込む内容の１つに、校長自身がこれまでに感銘を受けた書籍の簡単な紹介がある。その際は、当然のことながら、中学校生活に向けて参考となる、著者の生き方やものの考え方に触れたい。ここでは、平成の終わりごろに話題となった書籍を取り上げた。

書籍以外にも、オリンピック等その年に行われた世界的なイベントを取り上げてもよい。いずれにせよ、校長自身が1年間を振り返ったときにぜひ卒業生に知らせたい内容であることが望ましい。その際は、しっかりと調べて、内容に誤りなどがないように気をつける必要がある。

そ、今の漫画版があります。このように、世の中は、様々な人たちの関係で構築されています。羽賀さん自身は、その後吉野さんの息子さんとも相談しながら、2年間いろいろと悩み、完成させるのです。

皆さんも、中学校に行くと様々な出来事があり、様々な人に出会うはずです。そんなとき一番大事にしなければならないことは、**そのとき自分ができることに一生懸命取り組むこと、そして自分の思いをしっかりともつこと**です。中学校でも大いに飛躍されることを、心から期待しています。

ご臨席いただきました、保護者の皆様、本日は誠におめでとうございます。お子さんの成長に、感慨もひとしおかと存じます。今まで当校にいただきましたご厚情に、厚く御礼申し上げます。

最後になりましたが、時節柄ご多忙のところ、御臨席を賜りました御来賓の皆様、本日は誠にありがとうございました。今後とも温かいご支援・ご協力を賜りますようお願い申し上げます。

卒業生の皆さんの新しい門出を祝い、中学校での活躍と健闘を心から祈り、式辞といたします。

（間嶋　哲）

中学校に進学すれば、これまで以上に自分の将来を考え、悩むことも出てくる。そのことを踏まえた卒業生へのはなむけの言葉をしっかりと伝えたい。

最後に、保護者への感謝の言葉と来賓への謝辞となるが、しっかりとそれぞれの席に視線を移して、言葉を伝えたい。

世界に1人だけの自分を大切に

自尊感情や自己肯定感など、自分自身を認める感情や感覚を表す言葉がいくつかあります。それらの類義語に共通するのは、「自分を大切にする」ということです。

自分を大切にするためには、まず、自分の命を大事にしなければなりません。命なくして、小学校の卒業も中学校の入学もありません。卒業式の校長式辞では、卒業生に自分の命を大事にする（それも、少しだけではなく徹底的に大事にする）ことを伝えます。

ここで紹介するのは、２０１９年3月の卒業式での校長式辞です。新年号「令和」の発表を2週間後に控えた時期でした。この年の卒業生は、平成時代最後の卒業生。まさに、学校の歴史に残る卒業生です。卒業という人生の1つの節目と、平成から新時代への幕開けを重ね合わせて、卒業式をより感慨深いものにします。

□**概要**

命は大事。しかし、卒業式の式辞で、校長が唐突に「自分の命を大事にしよう」と話しても、子どもたちの心には残らない。この年（２０１８年度）、本校では道徳教育の目指す子どもの姿を「自分が好き・友だちが好き・学校が好き」と設定した。自分が好きな子とは、自分の命を大事にできる子である。日々の教育活動（学び）があり、そのゴールとして卒業式がある。

（以下に紹介するのは、全校児童33名、卒業生8名の小規模校での卒業式の式辞です）

8人の卒業生の皆さん、ご卒業おめでとうございます。今日、3月18日は、皆さんの新しい旅立ちの日です。そして、ちょうど2週間後の4月1日には、平成の次の新しい元号が発表されます。皆さんは、まさに、◯◯小学校117年の歴史の中で、平成最後の卒業生です。

皆さんが◯◯小学校で過ごした平成時代ですが、新聞社（読売新聞）が全国から3000人を選んである質問をしました。世論調査（よろんちょうさ）といいます。

どんな質問だったかというと、

「平成時代で好きな曲は何ですか」

という質問でした。

第1位は、何の曲だったと思いますか。

圧倒的に1位だったのが、SMAPが歌った『世界に一つだけの花』でした。

■ポイント

筆者は冒頭の季節のあいさつは不要と考えている。聞き手が特にその言葉を望んでいないからである。ただし、儀式のあいさつの定型を学ぶ機会にはなるので、自身で判断したい。

新聞の世論調査の結果を伝え、自分たちが小学校で過ごした平成時代に思いを寄せる。

「好きな曲」を取り上げることで、卒業生だけでなく、在校生の興味も引くことができる。

この曲の最初のフレーズ「№1にならなくてもいい　もともと特別なonly one」はとても有名ですね。

オンリーワンというのは、「1つだけの」という意味です。ですから、オンリーワンの自分とは、**「世界に1人だけの自分」**という意味になります。

皆さんは、今から12年前、お父さんとお母さんから命を半分ずつもらって生まれました。そして、今、「世界に1人だけの自分」として、ここに存在しています。

だから、**人はそこにいるだけで価値がある**のです。

○○小学校を巣立っていく皆さんに、まず伝えたいのは、自分の命を大事にしてほしいということです。

少しだけ大事にするのではありません。

自分の命を徹底的に大事にしてください。

自分を大切にできないと、友だちも大切にできません。

ここは、できればメロディをつけて校長が歌いたい。

オンリーワンの意味について、説明する。

様々な家庭環境の子どもがいるが、今自分がここに存在しているのは、まぎれもなく父親と母親の命を半分ずつもらってこの世に誕生したからであることを話す。

卒業生一人ひとりの顔を見ながら、語りかける。

「自分が好き・友だちが好き・学校が好き」という道徳教育の目指す子どもの姿につながる内容である。

世界に1人だけのオンリーワンの自分を大切にして、自分に誇りをもってください。そして、そのうえで、自分の得意なこと、好きな分野でのNo.1を目指してください。

皆さんなら、きっとできると信じています。

保護者の皆様、お子様のご卒業、おめでとうございます。6年間お預かりしていた大切なお子様を、本日お返しいたします。そして、しっかりと中学校へつないでまいります。

ご来賓の皆様、本日はご臨席を賜り、誠にありがとうございます。これからも、子どもたちのことを見守ってくださいますようお願いいたします。

卒業生の皆さんのこれからの毎日が、笑顔いっぱい、幸せいっぱいであることを願っています。

以上で式辞といたします。

（佐藤幸司）

まずは、自分自身を大切にすること。そのうえで、自分の個性に磨きをかけていく。

学校は入学式で大切な子どもを保護者から預かる。そして、卒業式で保護者に返す、という考えに立つ。

校長式辞は公式なあいさつなので、可能な範囲で来賓へのお礼を述べる。

卒業生の幸せを願う。

式辞原稿は、多当紙（封筒）に入れて壇上に置いてくるのが一般的である。

コロナ禍を乗り越えた卒業生へ

２０２０年度からの数年間は、新型コロナウイルス感染症の世界的な流行のために、学校現場はこれまでに経験したことのない困難に直面しました。

３か月近くにも及ぶ休校期間を経て学校が再開された２０２０年度は、今思えば過剰と言えるほどの予防対策の中、子どもたちは（教師も）不安を抱えながら学校生活を送りました。子どもたちが楽しみにしていた行事や活動の多くは、中止や内容の縮小を余儀なくされました。

けれども、コロナ禍だからこそ得られた経験があります。辛い時期をともに過ごしたからこそ、深まった絆もあります。

ここで紹介するのは、２０２３年３月の卒業式での式辞です。コロナ禍を乗り越えた子どもたちに伝えたかった校長としての思いを綴っています。

□**概要**

コロナ禍を過ごした子どもたちには「かわいそうだったな…」という思いもある。しかし、ウイルスを恨んでも、コロナ禍を嘆いても何も変わらない。

「コロナ禍を過ごしたかわいそうな子どもたち」ではなく、「コロナ禍を乗り越えたたくましい子どもたち」と捉え、卒業生には、これからの未来に向けたメッセージを贈る。

（以下に紹介するのは、全校児童595名、卒業生106名の学校での卒業式の式辞です。新型コロナウイルス感染症がようやく落ち着いてきた時期で、在校生は5年生だけが出席しました。

この年の3月13日以降、政府の方針によりマスク着用は個人の判断が基本となりました。しかし、学校現場では3月末日までは教育委員会の通知に従ってマスクを着用しました。卒業式では、コロナ禍以降はじめて卒業生と職員はマスクを着用しないで参加することになりました）

106名の卒業生の皆さん、ご卒業おめでとうございます。

皆さんが4年生になった2020年から、世界中で新型コロナウイルス感染症が広がり始めました。あれから3年経ち、今日ようやくこうしてマスクを外して話ができるようになりました。

感染予防のため、楽しみにしていた行事や活動が中止になったり、延期になったりしました。これまで当たり前だったことができなくなり、皆さんには、残念な思いや悲しい思いをさせてしまったこともあったと思います。

■ポイント

例年であれば、卒業式の計画は12月か1月の職員会議で提案される。しかし、コロナ禍では直前まで計画が立てられない状況だった。3月に入り、政府の方針が示され、県対策本部・市教育員会から各校に卒業式の実施について通知が出された。

季節のあいさつは省略している。これは時間短縮の意図もあるが、定型のあいさつから話を始めるよりも、すぐに本題に入った方が子どもたちに伝わる式辞になるからである。

この年の卒業生は、4年生に進級したときから卒業までの3年間、コロナ禍での学校生活を送った。

でも、皆さんはどんなときでも、「今できること」「今やるべきこと」を考えて、友だちと協力して学校全体のために行動してくれました。

辛い時期をともに過ごし、辛いことをともに乗り越えてきた友だちは、一生の宝物です。今隣に座っている友だち、そして、この式場にいる友だちみんなが一生の宝物です。

だから皆さんは、決してコロナのせいでいろいろなことができなかったかわいそうな子どもたちではないのです。**コロナに負けないきれいな心をもち、今日こうして立派に卒業式を迎えることができた、◯◯小学校のたくましい子どもたち**です。

◯◯小学校を巣立っていく皆さんに、今日最後に伝えたいのは、自分の命を大事にしてほしいということです。何となく大事にするのではありません。自分の命を徹底的に大事にしてください。

皆さんは今から12年前、お父さんとお母さんの命を半分ずつもらって生まれました。そして、今、世界に1人だけの自分として、ここに存在して

コロナ禍では、人との関わり（接触）が制限された（ほぼ禁止されたと言える）。そんな中でも、子どもたちは「できること」「やるべきこと」を見つけて、友だちと一緒に活動してきた。友だちこそが、コロナ禍で得た一生の宝物である。

「コロナに負けないきれいな心をもつ」。これは、全校児童に機会あるごとに話してきた言葉である。

感染予防対策は、つまりは命を守ることであった。小学校を巣立つ子どもたちに最後に伝えたいのは、やはり命の大切さである。

います。

だから、人はそこにいるだけで価値があるのです。

いらない命なんて１つもありません。

人生には、辛いことや悲しいこともあります。でも、それ以上に、うれしいことや楽しいこともあります。

どんなときでも命を大事にして、きれいな心をもち続けて歩んでいってください。

卒業生の皆さんのこれからの毎日が、笑顔いっぱい、幸せいっぱいであることを願っています。

以上で式辞といたします。

（式辞原稿は、上着の内ポケットに入れて持っていき、壇上に置きました。そして、多当紙（封筒）から取り出すことなく式辞を述べ、式辞原稿はそのまま壇上に置いて降壇しました）

（佐藤幸司）

自分の命はもちろん、他者の命も大切にできる人になってほしい。

小学校を巣立つ子どもたちに、願いを伝える。

教師の仕事は、究極的に言えば、子どもたちを幸せにすることである。だからこそ、教師の仕事は尊い。

密を避けるために、保護者が教室に行くことは禁止されていたので、卒業生退場後、保護者席の前に行って校長からのあいさつをした。

女性の場合は、着物の袖に原稿を入れることもあるが、手に持つのが一般的である。

第3章　行事のあいさつ

3つの合い言葉でがんばろう

1年間の始まりです。校長として全校で取り組みたいことを3つ程度にまとめ、それを事あるごとに繰り返し、浸透させていきたいものです。特にその年度のはじめには、具体的にその取組を説明しましょう。

皆さん、おはようございます。進級、おめでとうございます。

今年はまだ桜の花も残っていて、皆さんの進級を祝ってくれているようですね。

さあ、今日からいよいよ新しい学年の始まりですね。みんな1つずつ、学年が上がりました。今の気持ちはどうですか。

新しい学級が決まり、これから1年間担任をしてくださる先生も決まりましたね。教室に戻ったら、新しい仲間と様々な目標を立てていくと思います。

学級の友だちとみんなでがんばりたいことや、自分自身の目標を決めて、それに向かって努力するのはとても大切なことですね。

校長先生からは、この○○小のみんなにがんばってほしいこと、目標にしてほしいことを話します。

◯◯小のみんなに、これだけは全員ができるようになってほしいということです。

1つ目は、**「自分からあいさつができる」**ということです。

今日、友だちや先生に会ったときに、自分からあいさつできましたか。昨年、校長先生が「あいさつをがんばろう」と話をしてから、皆さんのあいさつは非常によくなりました。そのことが校長先生はとてもうれしいです。

そこで、今年は、自分からあいさつできるようにしてほしいのです。

自分から声をかけるのは勇気の要ることですが、そうやって自分から声をかけるというのは、相手への思いやりにつながります。

クラスが違ってよく知らない友だちや、教わったことのない先生にも、どんどん声をかけていきましょう。

また、学校の行き帰りに皆さんを見守ってくださっている交通ボランティアさんにも、進んであいさつをしましょう。

ところで、朝のあいさつはなんといいますか。

そうです。「おはようございます」ですね。この「おはようございます」の意味を知っていますか。「おはよう」というのは、「朝早くから」ということです。ですから、「朝早くから、ですね」ということになります。これでは何を言っているのかわかりませんね。朝早くからと、ですねの間に言葉が入るのです。どんな言葉が入るのでしょうか。

ちょっと考えてみてください。

今、何人かの人が答えてくれましたが、例えば、「朝早くからありがとうございます」とか、「朝早くからお疲れ様です」という言葉が入るのですね。

ですから、朝、交通ボランティアさんに会ったら、「朝早くから私たちのためにありがとうございます」という気持ちで、「おはようございます」と声をかけましょう。

そういう気持ちを込めたあいさつは、きっと相手にも伝わると思います。

2つ目は、**「『はい』と元気よく返事ができる」**ということです。

名前を呼ばれても、返事をしない人がいます。

これは無視をしているということですね。「聞こえていますよ」「ここにいますよ」と返事をするのは大切なマナーですし、相手の気持ちに応えるということです。

「そんな簡単なこと、できるよ、当たり前だよ」と思うかもしれませんが、病院や銀行に行ったときに、名前を呼ばれても返事をしない大人を見かけることがありませんか。

大人でもできない人がいるのです。ですから、皆さん、いつでも、どこでも名前を呼ばれたら「はい」と返事ができるようになってほしいと思います。

3つ目は、**「脱いだ靴をそろえる」**ということです。

これは後始末ができるということです。使ったものを元に戻すというのは大切な礼儀ですし、他の人のことを考えて行動するということです。

そのための第一歩として、まずは自分が脱いだ靴をそろえることから始めましょう。

自分が脱いだ靴をそろえなくても、だれにも迷惑はかかりません。でも、自分のことすらできない人は、他の人のことを考えた行動はできるようにならないでしょう。

ですから、下駄箱を見たらいつでもかかとがビシッとそろっている、そんな学校にしていきましょう。そして、それだけでなく、いろいろな場面でしっかりと後始末ができるようになりましょう。


以上3つ、みんなにがんばってほしいことを話しました。

まとめて言えば、「あいさつ・返事・靴そろえ」ということです。皆さんも声に出して、一緒に言ってみましょう。

「あいさつ・返事・靴そろえ」

そうです。特に6年生。6年生がお手本となるように立派に行動すると、下級生も真似をするようになり、すばらしい学校になると思います。ぜひ、がんばってください。


【参考文献】
・森信三（著）、寺田一清（編）『一語千鈞』（致知出版社）
・野口芳宏先生の講演会でのお話

困っている人がいたら

これまでの子どもたちの活動を労うとともに、みんなで1年生を助けていくのだというメッセージを伝えましょう。そうすることで、1年生も安心して学校生活を送ることができるでしょう。

皆さん、こんにちは。

3月に6年生が卒業し、校長先生は寂しい気持ちでいましたが、こうして1年生が入学して、また新しい学年を全校でスタートできることになりました。今日は今年はじめて全員が集まり、みんなが立派な態度で会に参加することができました。その姿を見て、先生は、きっとすてきな1年になるだろうなと思いました。

1年生の皆さん、もう学校には慣れましたか。今日は、1年生の皆さんのために、お兄さん、お姉さんたちが一生懸命に発表をしてくれましたね。

まず2年生。皆さん、今日はいつもよりももっと楽しそう、うれしそうでしたね。1年前は1年生として、迎える会をやってもらいましたが、今日はお兄さんお姉さんとして1年生を迎える立場になりました。

皆さんは1年生と一番年が近いので、1年生がどんなことで困るのかよくわかると思います。だから、1年生にいろいろなことを教えてあげてください。

それから、1年生とこれからペアで過ごすことになる6年生。今日までこの会を成功させるためにいろいろな準備をしてくれてありがとうございます。6年生は一番年が離れているお兄さん、お姉さんです。でも、みんなも5年前は1年生でした。それがこんなに立派になるのだと、そういうふうに1年生にあこがれてもらえるような6年生として過ごしていきましょう。

3、4、5年生もそれぞれとてもよい発表で、皆さんの1年生を楽しませようという気持ちがよく伝わってきました。

さて、1年生が安心して過ごせるように、校長先生から1つお願いがあります。それは、**1年生が困っているのかなと思ったら、声をかけてほしい**ということです。

どんな言葉をかけたらいいでしょうか。

「大丈夫？」

まず、こんなふうに声をかけます。言ってみましょう。（「大丈夫？」）

そうですね。そうしたら、もうひと言つけ加えます。

「何か手伝おうか？」

言ってみましょう（「何か手伝おうか？」）。そうですね。困っている姿を見たら、ぜひ進んで声をかけてください。そして、**1年生にだけでなく、こうした相手を思いやる言葉がこの○○小にあふれたら、だれもが安心して、仲良く過ごせます。**ぜひ、みんなが助け合える学校にしていきましょう。

PTA総会

お手伝いをすることの大切さ

保護者に話をできる貴重な機会ですから、学校教育目標について説明しましょう。ただし、それだけだとちょっと堅い印象になってしまいます。具体的に家庭でも取り組めることを、エピソードとともに語りましょう。

保護者の皆様におかれましては、日頃より本校の教育活動にご協力くださり、誠にありがとうございます。また、本日はご多忙の中、授業参観後のPTA総会にご出席くださり、心より感謝申し上げます。

私は、校長の○○と申します。この春、本校に着任いたしました。どうぞよろしくお願いいたします。また私の他に、12名が新たに本校に勤務させていただくことになりました。職員につきましては、後ほど紹介させていただきます。

さて、本校では今年度の教育目標を、「次代を担う、心豊かでたくましい子」とし、「あかるい子」「かしこい子」「たくましい子」の育成を目指し、様々な取組をしているところです。

「あかるい子」というのは、特に心の面の成長を目指した取組で、そのために道徳の授業や様々な行事を通し、豊かな心を育てていきたいと考えております。

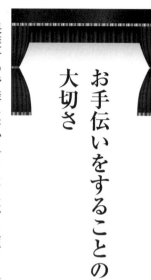

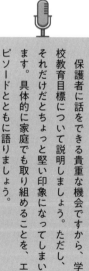

「かしこい子」というのは、学習面での取組になります。読み書き計算などの基礎学力はもちろんのこと、子ども同士での学び合いなどにも力を入れていきます。また、本校の特徴でもあります、読書教育にも一層力を入れていこうと思っております。現在多くの読み聞かせボランティアの方に協力いただき、週に1回は本の読み聞かせを実施しております。

「たくましい子」は、まずは体力的なたくましさを目指し、体育の授業を充実させるとともに、休み時間に外で遊ぶように声をかけたり、ロング昼休みの日を設定したりして、運動量を確保できるようにしています。また近年、感染症や視力低下など、健康に関する課題も多くなっていることから、健康教育にも力を入れていこうと思っております。

ところで、せっかく保護者の皆様にお話をする機会を得ましたので、少しだけ、子育てに関する提案をさせていただこうと思います。

それは、子どもに家でお手伝いをさせるということです。

「うちは結構お手伝いをやらせているし、これからも続ける」というご家庭はよいのですが、最近の調査では、あまり子どもにお手伝いをやらせない家庭も増えてきているようです。また、せっかくお手伝いをさせていても、高学年になって習い事や塾で忙しくなってくると、やらなくなってしまうことが多いようです。

「子どもにとって勉強は大切であり、将来のためにはお手伝いよりも勉強をさせた方がよい」と思う方もいらっしゃるかと思いますが、最近こんな話を聞きました。

ある企業でのことです。

大学卒の新入社員を十数名募集しました。その会社は人気があり、倍率は20倍を超えます。その人事部は何度も面接を行い、各種の試験を課し、選りすぐりの人材を採用したはずでした。

ところが、数か月後、配属先の管理職たち数名が人事部にクレームを入れてきました。

どんなクレームが来たのかというと、

・気が利かない
・段取りが悪い
・動かない
・感謝しない

こういう新人が多いというのです。

そこで、配属後に評価が高い人たちと、こんなふうにクレームが入る人たちの違いを調べたそうです。すると、

・子どものころ家でお手伝いをしていた人は評価が高い
・お手伝いをまったく、もしくはほとんどやっていなかった人は評価が低い

ということがわかったそうです。

これは極端な例かもしれませんが、納得できる話ではあります。

お手伝いは段取りよくやらないと、いつまで経っても終わりません。時間ばかりかかります。例え

ば、毎晩皿洗いをすることを約束したとします。でも、ただ洗ってもきれいになりませんよね。洗う順番も大切です。少しでも効率よくやろうと思えば、いろいろと気を配るようになります。工夫もするでしょう。

そして何より、こんなことを毎日やってくれている親に感謝するようになるでしょう。親への感謝なくして、道徳心は生まれないと思います。

ただし、**そのためには親も我慢しなくてはなりません**。子どもに皿洗いをさせたら、皿の仕上がりが汚くて、結局自分で洗い直すことになるかもしれません。「こんなことなら最初から自分がやった方が早い」と思うかもしれません。でも、その気持ちを抑え、子どもたちの将来のためだと考えて、ぜひお手伝いをさせてほしいと思います。

実は、学校での給食当番や清掃活動は、おうちでのお手伝いに通じるものがあります。ご家庭では保護者がやっていることをやらせているわけですね。ですから、各ご家庭でもしっかりとお手伝いができるはずなのです。

学校でもこうした当番活動をがんばらせていきますので、どうぞご家庭でも、小さなお手伝いで構いませんので取り組ませてください。**学校と保護者が協力することで効果は何倍にもなる**と思います。

では、今年度もどうぞよろしくお願いいたします。

【参考文献】
・三谷宏治『お手伝い至上主義でいこう！』(プレジデント社)

いじめ防止集会

優しい気持ちは広がっていく

いじめ防止の目的で集会を行う学校は多いことでしょう。その際「いじめはいけない」という話は何度も集会で出てくるでしょう。そこで、少し角度を変えて話をしてみてはいかがでしょうか。

皆さん、こんにちは。

今日は、みんなでいじめについて考える「ストップいじめ集会」を行いましたね。ここまで計画、準備をしてくれた児童会の皆さん、どうもありがとうございました。いじめをなくしたいという、皆さんの気持ちがよく伝わってきました。

また、各クラスからは、いじめをなくすためのスローガンが出されましたね。どのスローガンも、それぞれのクラスでよく考えてきましたね。大変すばらしいと思います。あとは、みんながそれをしっかりと守っていくことが大切ですね。

ところで、「いじめはダメ」と言っても、それだけではなかなかいじめはなくなりません。そこで、先生から、みんなにお願いしたいことがあります。

皆さんは、「気持ちが人にうつる」ということを知っていますか。風邪をひいている人から風邪がうつるように、だれかに意地悪な気持ちをもっていると、その意地悪な気持ちが他の人にも伝わるのです。だから、クラスに何人か意地悪な人がいたら、その気持ちがどんどん広がって、そのクラスは意地悪な人がたくさんいるクラスになってしまいます。

ということは、これと反対のことをすれば、いじめをなくせるのです。

どうすればいいかわかりますか。

人に優しい気持ちをもてばよいのです。優しい気持ちもどんどん人にうつっていきます。風邪がうつったり、意地悪な気持ちがうつったりするのは困りますが、優しい気持ちはどんどん広がっていくといいですよね。

そのためには、**クラスに何人かでいいので、優しい気持ちで過ごしてくれる人がいるとよい**のです。

どうですか、そういう何人かになってくれますか。

たくさんの人の手があがりましたね。先生はとても安心しました。

ぜひ今日から、優しさいっぱいの○○小にしていきましょう。

そうすれば、きっといじめは起こりませんよ。

【参考文献】

・相良奈美香『行動経済学が最強の学問である』（ＳＢクリエイティブ）

運動会

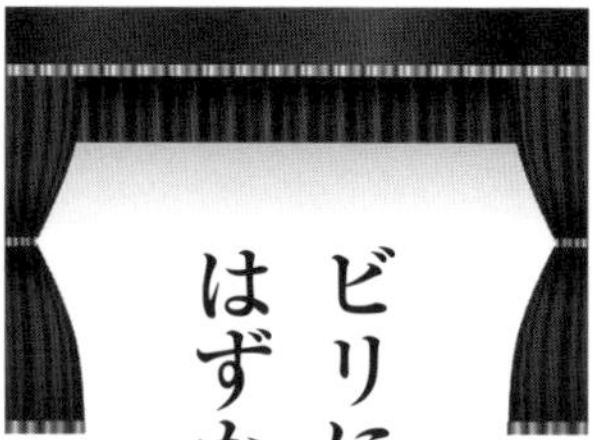

ビリになるのは はずかしい？

運動会は、運動が苦手な子どもにとっては、前向きに取り組みにくい行事ではないでしょうか。そこで、勝ち負けではなく、がんばることが人に勇気を与えるというエピソードで安心感をもたせましょう。

皆さん、おはようございます。

今日は本当にすばらしい天気になりましたね。

空を見てください。こういう空を「雲1つない空」といいます。

このように晴れ渡った中で運動会ができるのは、皆さんが、これまで一生懸命に練習に取り組んできたからだと思います。

きっと、すばらしい運動会になると思います。

でも、中には運動が苦手で、「ビリになったら嫌だな」とか、「失敗したらはずかしいな」と思う人がいるかもしれません。

ですが、**ビリになるのは本当にはずかしいことなのでしょうか。**

箱根駅伝を知っていますか。お正月にやっているので見たことがあるかもしれません。

1人20キロくらいずつ走って、東京から箱根までリレーしていく競技です。バトンの代わりに、たすきをつないでいきます。

その箱根駅伝を、校長先生がテレビで見ていたときのことです。ある選手が脱水症状といって、汗をかき過ぎたためにフラフラになってしまいました。そのため、どんどん他の選手に抜かれていきます。でも、フラフラになっているその選手は、たすきをつなぐために、一生懸命に走ります。それを見ていたまわりの人は、大きな声でその選手を応援しています。校長先生もテレビに向かって、「がんばれ」と声を出していました。

とうとうその選手はたすきをつなぎ、会場の人々は大きな拍手を送っていました。

こんなふうに、一生懸命にやる人を笑う人なんていません。ビリになったから、失敗したからといって、バカにする人もいません。

ですから、運動が苦手な人も、心配しないで、その一生懸命な姿を見せてください。そして、**一生懸命に取り組む人を見たら、その人を大きな声で応援しましょう。**

そうすれば、だれにとってもすばらしい運動会になるでしょう。

最後になりましたが、本日朝早くからご来校くださった来賓の皆様、保護者の皆様、日頃より本校の教育活動にご理解、ご協力くださり、誠にありがとうございます。今日は、子どもたちのがんばる姿への応援を、どうぞよろしくお願いいたします。

1年生交通安全教室

事故が一番多いのは何時ごろ？

1年生へのあいさつは長くなると聞いてもらえません。話を簡潔にし、飽きないようにクイズ形式を取り入れて行うとよいでしょう。選択肢を用意して、参加しながら聞かせると、より効果的です。

1年生の皆さん、おはようございます。

もう学校には慣れましたか。

今日は、皆さんが安全に学校に来たり、帰ったりできるよう、交通安全教室を行います。皆さんに、交通安全について教えるために、警察の方や、交通安全ボランティアさんなどが来てくださっています。また、後で実際に道路を歩くときのお手伝いとして、おうちの方にも何人か来ていただいています。皆さん、そういう方々によいあいさつができるように、「おはようございます」の練習をしましょう。みんなで一緒に言いましょう。

「おはようございます」

よいあいさつができましたね。

さて、皆さん。小学生で一番多いのは、どんなときの事故か知っていますか。３つ言いますから、どれが正解か考えてみましょう。①車に乗っているとき、②歩いているとき、③自転車に乗っているとき。さあ、どれでしょう。

正解は、②歩いているとき、です。特に1年生や2年生は、まだ自転車に乗っていない人が多いので、歩いているときの事故が多いのです。

では、小学生が一番多く事故に遭うのは何時ごろでしょうか。これも3つの中から選んでみましょう。①朝の7時ごろ、②お昼の3時ごろ、③もう少し遅くなった夕方の5時ごろ。さあ、どれが正解でしょうか。

正解は、②お昼の3時ごろです。ちょうど皆さんがおうちに帰ったころですね。学校から帰って、遊びに行くときなどは、特に気をつけなければいけませんね。

事故に遭うと、けがをしてとても痛いし、おうちの人も心配します。

そういうことがないように、今日はしっかりとお話を聞いて、明日から安全に気をつけて道路を歩くようにしてください。

最後になりましたが、警察の皆さん、ボランティアの皆さん、保護者の皆さん、本日はどうぞよろしくお願いいたします。

【参考文献】
・政府広報オンライン「小学校1年生の歩行中の死者・重傷者は6年生の約3・2倍！　新1年生を交通事故から守るには？」https://www.gov-online.go.jp/useful/article/201804/1.html

避難訓練

「釜石の奇跡」はなぜ起きたのか

年度はじめの避難訓練では、いかに普段の訓練が大切かを訴えたいものです。そこで、東日本大震災での「釜石の奇跡」という実話を基に、訓練の大切さを実感させ、本日の自分たちの行動を振り返らせましょう。

皆さん、今日は「もしも大きな地震が起きたら」ということで避難訓練をしました。

皆さんは、なぜ避難訓練をするのかわかりますか。

そう、いざというときに慌てずに行動するためですね。でも、それができるためには、真剣に訓練に取り組まないといけません。一生懸命に訓練をすると、実際に地震が起きたときに、素早く行動でき、そのおかげで命が助かることがあるのです。

今日はそんなお話をします。

2011年に東日本大震災という大きな地震があったことを知っていますか。そうですね、このあたりもずいぶん揺れましたが、東北地方には大きな津波が来ました。

その津波でたくさんの方が亡くなりました。

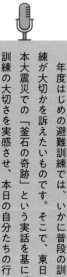

でも、大きな津波に襲われながら、全員無事だった小学校や中学校があります。そこは釜石という場所なので、そのことは、「釜石の奇跡」と呼ばれています。

そのことを、もう少し詳しく話します。

東北地方にある岩手県の釜石市では、津波のために約１３００人もの方が亡くなったり、行方がわからなくなったりしました。

海に面した鵜住居（うのすまい）地区も、津波に襲われたくさんの建物が流されました。

しかし、この地区の鵜住居小学校と釜石東中学校にいた児童・生徒約５７０人は、全員無事に避難することができました。

では、子どもたちは、どのようにして無事に避難することができたのでしょうか。

まずこの小学校では、地震があってすぐに、校舎の３階に児童が集まりました。津波が来そうだとわかったので、３階に向かったのですね。

ところが、３階に集まり始めたころ、隣の釜石東中学校では生徒が校庭に駆け出していました。これを見た小学校の児童は、日ごろから釜石東中学校と行っていた合同訓練を思い出して、自分たちの判断で校庭に駆け出しました。先生に言われたからではないのですよ。**いつもの訓練を思い出したということがポイント**ですね。いつもの訓練では、津波が来たら、学校にいるのではなく、もっと土地の高い場所に逃げるようにしていたのです。

そこで子どもたちは、約500メートル先の高台にある建物に避難しましたが、建物の裏の崖が崩れるのを見た中学生が、先生にもっと高いところに避難しようと伝えたのです。中学生の中には、小学生の手を引く生徒もいたようです。これも訓練していたからできたことです。

その後、さらに高い場所に避難しました。

この後まもなく、学校や街は津波にのまれてしまいました。しかし、子どもたちは全員無事だったのです。

この「釜石の奇跡」は、**運がよかったのではなくて、この地域で日ごろから津波が来たときの訓練を真剣に行っていたから起きた**のです。

子どもたちが、自分たちの普段から行っている行動を当たり前にやった結果なのです。

さて、皆さん、今日の避難訓練をどのくらい、真剣に、真面目に行うことができましたか。

避難の合い言葉に、「おかしも」がありますね。この「おかしも」はどんな意味ですか。

おさない
かけない
しゃべらない
もどらない

ですね。

「おさない」のはなぜですか。

後ろの人に押されると、転んでしまいますね。だれかが転ぶと、その人につまずいて、次の人が倒れ、さらにその次の人も倒れるということになります。次々に人が倒れると下の人は押しつぶされてしまいます。そのため、それ以上動けなくなってしまいます。

「かけない」も同じですね。かけて転んでしまうと、すばやく避難できなくなります。

「しゃべらない」のはなぜですか。そうですね。大切な放送を聞き逃して、行ってはいけない方向に避難してしまうかもしれません。先生の注意も聞こえなくなります。

そして、「もどらない」です。校庭まで来たのに、忘れ物を思い出して教室に戻ってしまった。そのときにもう一度大きな地震が来たら、どうなるでしょうか。

今日、この「おかしも」を完璧にできましたか。いざというときに守れますか。

もし今日できなかったことがある人は、次回には絶対できるようにしましょう。日頃から一生懸命訓練に参加し、いざというときにしっかりできるようにしておきましょう。

【参考文献】

・総務省消防庁のウェブサイト「東日本大震災　3．釜石の奇跡」
https://www.fdma.go.jp/relocation/e-college/cat63/cat39/cat22/3.html

音楽には人の心を動かす力がある

今日は、皆さんの発表を聞いて、「音楽ってやっぱりすばらしいな」と思いました。

音楽を聞いたり発表したりすると、なんだか元気になったり、優しい気持ちになったりしませんか。音楽にはそのように、人の心を動かす力があるのです。

この力を使って、病気の痛みを減らしたり、落ち込んだ気分を直したりする、音楽療法というものがあります。なんと2000年以上前に、琴を弾いて病気を治したという記録もあるのです。そして今では音楽を使って病気の治療をする人、音楽療法士という人もいて、お年寄りのいる施設などで活躍しているそうです。

今日の皆さんの発表は、そんなふうに、聞いている人を勇気づけたり、笑顔にしたりするすばらしいものでした。本当にありがとう。校長先生は、とても感動しました。

では、どんなところがよかったのか、学年ごとに紹介していきます。

まず、1年生。1年生が入学してから3か月が経ちました。入学式では歌えなかった校歌を発表し

発表後のあいさつがあまり長くなるのは興ざめなので、短く発表学年すべてにコメントするようにしましょう。校長からの肯定的なフィードバックは、子どもだけでなく職員の意欲にもつながります。

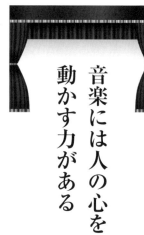

てくれましたね。今日はすごく大きな声で、元気いっぱいに歌えました。みんな校歌は好きですか。これからもいろいろな場面で、一生懸命に校歌を歌っていきましょう。

続いて2年生。2年生は鍵盤ハーモニカで○○の演奏をしてくれましたね。リズムに合わせたすてきな発表でした。皆さんが一生懸命に練習した様子が伝わってきました。

3年生。難しい曲にも挑戦し、上手に演奏することができましたね。みんなの息が合っていて、とてもきれいな音色が響いていました。

4年生。皆さんの演奏は、鍵盤ハーモニカと歌がうまく組み合わさっていて、とても感動的でした。特に鍵盤ハーモニカの技術がどんどん向上していることが伝わってきました。

5年生。ただ歌うだけでなく、ボディパーカッションを取り入れるなど、楽しい工夫もしていましたね。皆さんの動きがしっかりと合っていて、チームワークのよさを感じました。

そして6年生。さすが最高学年の演奏は違いますね。とても迫力がありました。また、様々な楽器の音が重なり、感動的でした。最後の音楽発表会ということで、どの学年よりも気合いが入っていたのではないでしょうか。全校のみんなも非常に熱心に聞いていました。

はじめにも言いましたが、音楽には様々な力があります。**その力をこれからもたくさん発揮できるよう、音楽の授業にも一生懸命に取り組んでいきましょう。**

【参考文献】

・市江雅芳「音楽と人間との新しい関わり～音楽療法とその周辺～」（バイオメカニズム学会誌 Vol. 30, No.1, 2006）

1学期終業式

夏休みにしか できないことを

1学期の終業式では、まず4月からの出来事を簡単に振り返り、がんばったことや成長したことを具体的にほめるようにしましょう。また、夏休みだからこそ、何かにこだわってとことん取り組もうという気持ちにさせましょう。

皆さん、おはようございます。

今日で1学期は終わりですね。4月8日に始まって、70日間が経ちました。その間にいろいろなことがありましたね。

4月は1年生を迎えて全校でのはじめての集まり「ようこそ1年生集会」がありました。あのときにはまだ覚えていなかった校歌ですが、先ほど聞いていたら、1年生の声がよく出ていましたね。もうすっかり覚えたようで、とてもすばらしいですね。

5月になると、高学年は陸上大会がありましたね。ハードル走、走り幅跳び、１００メートル走などの種目に毎朝取り組みました。健康な体をつくるには、運動することが必要です。自分から進んで陸上練習に取り組めた皆さんはとても立派ですね。その結果、市の大会で入賞した人もいましたね。

6月には、2、4、5年生の音楽発表会がありました。皆さんのすてきな歌声や、息の合った演奏を今でも覚えていますよ。

7月には水泳の授業が始まりました。校長先生に「25メートル泳げるようになった！」とうれしそうに報告してくれた人がいます。自分の目標に向かって努力するのはとてもよいことですね。

そんなふうにいろいろなことのあった1学期ですが、校長先生が一番うれしかったのは、みんながとてもよいあいさつができるようになったことです。

朝、私の姿が見えると、わざわざそばに来て「校長先生おはようございます」とあいさつをしてくれる子が多くなりました。

こんなにしっかりと、丁寧にあいさつができる小学生はなかなかいません。こんなに立派なあいさつができる子が多い○○小学校で校長先生をすることができて、本当にうれしく思います。

さて、いよいよ明日から、夏休みですね。

皆さんは、夏休みが楽しみですか。どんなことをして過ごす予定でしょうか。

どうせなら、夏休みにしかできないことに挑戦してほしいなと思います。

では、夏休みにしかできないことって何でしょうか。

夏休みには時間がたっぷりあります。その時間を使って何かできないでしょうか。

ある小学生のエピソードを紹介します。

その人は、小学校5年生のときに、「桃太郎」に興味をもちました。

桃太郎ってわかりますか。桃から生まれた桃太郎が、鬼退治に行く話ですよね。

その桃太郎を読んだときに、「鬼ヶ島の鬼は本当に悪者なのかな」と疑問をもったのです。みんな、どうですか。鬼は悪者だから、桃太郎に退治されますよね。そう思っている人が多いのですが、そこに疑問をもったのですね。


そこで、いろいろな桃太郎の本を読み始めたそうです。

桃太郎って、少しずつ話の内容が違う本がたくさんあるそうですよ。鬼が人々の宝を盗むという話もあれば、そんなことは書いていない話もあるそうです。

そこでその小学生は、桃太郎の本が日本で一番多く置いてある、とても遠いところにある図書館に夏休みに訪れたそうです。

電車で何時間もかかる図書館なので、夏休みがチャンスだったのですね。そこにお母さんと一緒に行って、なんと74冊も桃太郎の話を読んだそうです。

すると、優しい鬼が出てくる話や、逆に桃太郎の方が鬼から宝物を盗んだという話まであったそうです。


そこからさらに多くの本を読み、調べたことをまとめました。

それを「図書館を使った調べる学習コンクール」に出品したところ、なんと一番よい賞である、文部科学大臣賞を受賞しました。

すごいですね。


ですが、それだけではないのです。

その作品を読んだ人が、「これはすばらしい作品だ」ということで、本として出版することにしたのです。小学5年生が調べたことが、町にある本屋さんで売っている本になったのですよ。

なぜ、こんなことが起きたのでしょうか。

それは、この小学生が**自分が興味をもったことをたっぷりと時間を使って調べたから**ですね。

だれもが同じことをできるわけではないですが、自分が好きなことをとことんやってみるということは、真似ができそうではありませんか。

本が好きな人は、「もうこれ以上読めないよ」っていうくらい本を読んだらよいのではないでしょうか。サッカーが好きなら、とことんサッカーの練習をしましょう。

そういう夏休みを過ごせたら、きっと夏休み前の自分とは違った自分になっているのではないかと思います。

夏休み明けには、皆さんのそんな姿を見てみたいなと思っています。


【参考文献】
・倉持よつば『桃太郎は盗人なのか?「桃太郎」から考える鬼の正体』(新日本出版社)

2学期始業式

米1粒の努力を続けよう

2学期は一番長く、中だるみが起きやすい期間です。ですから、毎日少しずつの努力の積み重ねが大切だという話を学期のはじめにしておきます。そして、そのことを全校で話す機会があるごとに振り返るようにします。

皆さん、おはようございます。

元気なあいさつができて立派ですね。

夏休みはどうでしたか。楽しい思い出ができましたか。

たくさん遊んだり、たくさん本を読んだり、それからたくさん自由研究や調べ学習などをしたりと、充実した休みを過ごしたことと思います。このあと教室で、夏休みの思い出や、取り組んだ宿題などについて発表したり、作品を見合ったりすると思いますが、今度校長先生にもぜひ教えてくださいね。

さて、40日ぶりの学校。どんな気持ちで登校しましたか。

今日、学校に来るのが楽しみだった人？

たくさんの人の手があがりましたね。やる気があって、大変すばらしいですね。

逆に、もっと休みたかったという人もいるでしょう。それでもがんばって登校して、えらいです。

校長先生が今日、何よりうれしかったのは、夏休み前の約束を皆さんが守ってくれたことです。どんな約束をしたか覚えていますか。

それは「大きな事故がないよう、大きなけががないよう、安全に気をつけて過ごしてください」ということでした。

皆さん、その約束通り、夏休み中は元気に過ごしてくれたようです。夏休み中に、大きな事故やけがの連絡はありませんでした。それがうれしいのです。

ところで、2学期というのは、期間が一番長いですね。何日あるか知っていますか。

そう、およそ80日間あります。長いだけでなく、様々な行事もありますね。例えば、運動会や遠足、修学旅行などがあります。マラソン大会もありますね。

これだけいろいろな行事があるので、皆さんにとって大きく成長するチャンスがたくさんあります。

そこで、皆さんに心がけてほしいことがあります。

それは「少しずつの努力を続けよう」ということです。

こんな話があります。

江戸時代というずいぶん昔のことです。新井白石という偉い先生がいました。その人は、子どものころは、朝から晩まで遊んでばかりで、全然勉強をしなかったといいます。

ある日のこと、そんな白石にお父さんが、次のような話をしたそうです。

一粒の米を、大きな米びつ（米を入れておく入れ物）の中から取っても、取ったかどうかはわからない。けれども、1年間、毎日1粒ずつ取ったらどうなる？

きっと、少なくなったことがわかってしまう。同じように、1粒加えても増えたかどうかわからないが、1年間毎日1粒ずつ加えていくと、増えたことがはっきりわかるようになる。これと同じことが、おまえの勉強や習い事にもいえるのだ。

1日だけ勉強したり習い事をしたりしても、すぐに利口になったり上手になったりするものではない。

逆に、1日怠けたからといって、翌日、すぐにわからなくなったり下手になったりするわけでもない。

けれども、毎日、毎日、ほんの少しずつでも努力を続けると、1年後には、利口になったり上手になったりしたことがよくわかる。逆に、毎日、勉強しなかったり習い事をしなかったら、気がつくと、いつの間にかわからなくなったり、下手になったりしてしまう。毎日勉強や習い事をしていた人と、大きな差がついてしまうのだ。

お米の1粒ってすごく小さいですよね。小さな1粒でも、毎日集めていくと、いつかはとってもすごい量になるのだよ、というお話ですね。

このお父さんの話を聞いてから、白石さんは1粒の米粒を机の上にお守りとしていつも置き、怠けようという心が起きたとき、その米粒を見て自分を励ましたそうです。

どうですか。

これからの80日間、のんびり何も考えずに過ごしていては、あっという間に時間が過ぎてしまいます。

でも、毎日、ほんの少しの努力でも続けたらどうでしょう。**米1粒の努力が継続できれば、2学期の終わりにはきっと成長している自分に気づくはず**です。

米1粒程度の努力なんて簡単だと思うかもしれません。でも、人はすぐに楽をしようとします。眠い日も、やる気が出ない日もあります。**そんなときでも米1粒の努力を続けるのは、実は大変なこと**なのです。

それでも、がんばって少しずつ努力する。

そんな○○小学校の皆さんでいてほしいなと思います。

みんなで充実した2学期にしていきましょう！


【参考文献】
・大村はま『心のパン屋さん』（筑摩書房）

地域で子どもを育てる

地域の方にあいさつをする機会も多いと思います。せっかくですから、学校の状況や協力してほしいことなども積極的に発信しましょう。また、教育の動向などをデータで示すと、興味をもって話を聞いていただけます。


皆さん、こんにちは。

ただ今ご紹介いただきました、○○小学校の校長、○○と申します。

本日は、学区の自治会長様をはじめ、民生委員、青少年相談員の皆様がお集まりのこの会にお招きくださり、誠にありがとうございます。

日頃より本校児童に対しましてご指導、ご支援いただきまして感謝申し上げます。また、本校の教育活動に対しましても、ご理解とご協力をいただきまして、ありがとうございます。

本年度も、本校は「子どもたちの幸せな人生を支える」という教育理念のもと、教職員全員が力を合わせ、努力しております。

少し学校の状況をお話しさせていただきますと、今年度の新入生は98名で、これですべての学年が3学級になりました。

そこに特別支援学級2学級を加え、合計20学級となっております。全国的に子どもの数が減る中、本校は微増しており、大変ありがたく思っております。児童数増加に伴う増築工事も終わり、今年からは5年生が新しい校舎を使用しています。今現在は、運動会に向けての練習が始まり、高学年が低学年の面倒を見ながら、様々な動きの確認や競技の練習をがんばっているところです。

さて、本校に限らず、今の教育動向に関しては、皆さんのご関心も高いのではないでしょうか。地域の方とお会いすると、いじめや不登校、学力のことなどを聞かれることが多くあります。皆さん、学校のことを心配してくださり、本当にありがたく思っています。

いじめや不登校につきましては、国のデータが出ておりますので、紹介させていただきますと、全国の小中学生の中で1年間に、68万人、1000人あたりにしますと、約50人がいじめを受けたという調査結果があります。この数は、年々増加していると言えます。また、不登校者は30万人程度、およそ3％の子が学校を長く休んでいるという状況で、これも増加傾向にあります。

このように聞くと「日本の教育はどんどん悪くなっているのでは」と心配される方もいるかもしれません。ですが、いじめについては、本人がいじめだと感じれば、すべていじめであると認知するようにしています。

ですから、どんなに些細なことであっても、全部いじめになります。「それでいいのか」と思われるかもしれませんが、いじめは本人の感じ方が何より大切ですし、いじめだと認知した方が解決に向けて様々な動きができますので、積極的にいじめと捉えるようにしています。そのため、いじめの数は増加傾向にあるのです。

こうしたことから、大切なのは、**「いじめをゼロ」にすることではなく、「解決していないいじめをゼロ」にすること**だと思っています。

不登校については、「必ずしも学校に来るだけが正しいことではない」という考えが広がってきたという背景も考慮する必要があります。

つまり、数字だけで判断してはいけないということです。今はフリースクールをはじめ、様々な機関が子どもと関わるようになっています。**学校とも、行政とも、どの機関ともつながっていない、そういう子をなくしていくことが重要**なのです。

とはいえ、昔のようなわかりやすいいじめや不登校ではなくなってきていることも確かです。ネットでのいじめなど、見えない部分で問題が起きていることも増えてきました。

幸いにして、本校では大きな問題は起きておりませんが、小さないじめはありますし、長く休んでいる子もいます。

よく言われますように、子どもは学校だけで育つのではなく、家庭、地域と協力してこそ、効果的な教育が行えます。本校も開かれた学校づくりを学校経営の柱の1つとして、地域とのつながりを大切にしていきたいと考えています。

また、地域に愛着をもつ子どもをどう育てていくのかということもより一層考え、様々な取組をしていきたいと考えております。

その1つとして今力を入れているのが、「あいさつ」です。地域の方やボランティアさんに自分から積極的にあいさつするように呼びかけています。どうか皆様も子どもたちがあいさつしましたら、声かけをお願いいたします。

また、地域で気になる子どもの様子が見られたら、学校まで遠慮なくお知らせください。様々な目で子どものことを見守ることが大切だと思っております。

どうぞよろしくお願いいたします。

【参考文献】

・文部科学省「令和4年度 児童生徒の問題行動・不登校等生徒指導上の諸課題に関する調査結果について」
https://www.mext.go.jp/content/20231004-mxt_jidou01-100002753_1.pdf

百聞は一見に如かず

3年生以上で、工場見学に行くことを想定したあいさつ文です。出発前ですから、あいさつは短めの方がよいでしょう。ただし、何のために見学に行くのかという根本だけはしっかりと押さえるようにします。

皆さん、おはようございます。

今日は、皆さんが楽しみにしていた校外学習の日ですね。

いつもは、学校の中で勉強していますが、今日は学校の外での勉強ですね。なぜわざわざ外に行って勉強するのでしょうか。

「百聞は一見に如かず」という言葉を知っていますか。

人から聞いたり、本を読んだりするのもよい勉強だけど、実際に自分の目で見ることにはかなわない、という意味です。

例えば、校長先生は子どものころ富士山が好きで、よく写真で眺めていました。晴れた日には、本当の富士山が見える日もありましたが、非常に小さくしか見えず、実際に目の前で見たらどうなのだろうと想像していました。

小学6年生の修学旅行で、校長先生ははじめて富士山を目の前で見ることができました。そのときは本当に驚きました。想像していたよりも、ずっと大きくてきれいな山だったからです。

こんなふうに、実際に見ると、想像していたのとは違うということがよくあるのです。

そういう経験をしてほしくて、皆さんには学校の外に出て、勉強をする校外学習というものがあるのです。

それに、実際にその場所に行かないとわからないこと、写真ではわからないこともあります。それが何かわかりますか。

写真では本当の大きさがわかりませんね。思ったよりも大きい、逆に思ったよりも小さいということもあるでしょう。

それから写真では、温度が伝わってきませんね。今日は工場に行きますが、工場の中は外よりも暑いかもしれません。そういうことも実際に行かないとわかりません。

匂いはどうでしょう。どんな匂いがするかな。そして、音はどうでしょう。どんな音が聞こえるのでしょうか。

ぜひとも今日は、**目や耳、肌など、体全体で見学先の様々な情報を感じ取ってきてください**。もちろん、実際に働いている方がいるので、お仕事の邪魔をしないようにしましょう。また、見学のマナーなどもしっかりと守りましょう。

それでは、行ってらっしゃい。

2つの勉強をしてこよう

修学旅行は小学校生活の集大成です。これまで学んできたことをどのくらい発揮できるのかが試される場です。また旅先で学ぶことも多くあるでしょう。単なる旅行とは違うのだということを伝え、気持ちを引き締めさせましょう。

いよいよ待ちに待った修学旅行の日がやってきましたね。

皆さん、昨日はよく眠れましたか。忘れ物がないように、しっかりと準備ができていますか。

楽しく過ごすことは大切ですが、今日から行くのは、家族での旅行ではありませんね。「修学」旅行、つまり勉強として行く旅行です。

勉強として行くということには、2つの意味があります。

1つは、**これまでの勉強を生かす**ということです。

これから行く場所について、これまでいろいろと調べてきたと思います。例えば、グループで行動する際の電車の時刻、フェリーの時刻などを調べましたね。そうやって調べたことを生かしましょう。もしかしたら、様々なトラブルがあるかもしれません。その際にも、これまで学んできたことが生かせるでしょう。また公共の場でのマナーも、これまで十分に学んできたはずです。その成果をしっかりと発揮してください。

もう1つは、**勉強をしてくる**ということです。事前に訪問先のことを調べたでしょうが、実際に行った感想や新たに気づいたことなどを、しっかりとメモしてきましょう。それから、何よりも大切なのは、人間関係を学ぶということです。みんなで生活するのですから、わがままを言う人がいるかもしれません。トラブルが起こるかもしれません。そんなときに相手を思いやったり、協力したりすることが何よりも大切な勉強です。

ある先生から聞いた話なのですが、市の教育委員会にこんな電話があったというのです。「今、そちらの市から修学旅行に来ている小学生に出会った。学校の名前は聞けなかったけれど、そちらの市であることは間違いない」。そんな電話だったそうです。市の教育員会の方は、そこまで聞いて、うちの市の小学生が修学旅行先で何かやったのかな、悪いことをしたのかなと思ったそうです。すると、その電話をしてきた方は、続けてこう言ったそうです。

「その小学生のマナーがとてもよかった。電車で立っている人に席を譲ったり、しっかりとあいさつをしたり、このあたりはたくさんの小学生が修学旅行に来るが、こんなに立派な小学生には会ったことがない。それを伝えたくて電話をした」

そういう内容だったそうです。実はこの市で、その日修学旅行に行っている学校は1つしかありませんでした。それがどこの学校かわかりますか。そう、この学校なのです。どうですか、皆さんの先輩方なのです。

皆さんもこうした立派な先輩に負けないように、社会のルールを守るだけでなく、その姿を見た人に驚かれるくらい立派な態度で、充実した2日間を過ごしてください。

自分との競争

マラソン大会は苦手な子にとっては苦痛な行事です。そこで、少しでも気を楽にして取り組めるよう、他人と競争しなくてよい、苦しかったら歩いてもよいというメッセージを伝えましょう。

皆さん、今日はマラソン大会ですね。

皆さんは、今日この日をどんな気持ちで迎えていますか。

楽しみな人？

おっ、いいですね。今手をあげた人は、きっと走ることが好きだったり、目標の順位があったりすることでしょう。大変すばらしいですね。ぜひ自分の力を精一杯出して、新記録を目指してください。

校長先生は、実は子どものころ、マラソン大会があまり楽しみではありませんでした。もっといってしまえば、嫌でした。それは走るのが苦手で、足も遅かったからです。

走るとすぐに苦しくなるし、お腹も痛くなる。だから、マラソンなんてない方がいいなと思っていました。

でも、今はなんと、走ることが好きになりました。

なぜかわかりますか。

それは、**人と比べることをやめたから**です。

最初から最後まで、自分が苦しくないペースで走るようにしたのです。どうしても苦しかったら歩くようにしました。

すると、だんだんと速いタイムで走れるようになったのです。速いといっても、他の人と比べて速いということではないですよ。前の自分と比べたら速いということです。

そうやって、少しずつ、前の自分よりも速く走れるように、ちょっとだけがんばる。でも、苦しくなったら歩く。そういうことを何年もやっていたら、今はフルマラソンが走れるようになりました。

フルマラソンって、どのくらい走るかわかりますか。42キロです。だいたいグラウンド200周くらいです。それを4時間くらいで走れるようになったのです。


今日、走るのが嫌だなあという皆さんも、大人になったら、走ることが好きになっているかもしれません。ですから、校長先生の話を参考にして、少しでも前の自分よりも速く走れるように、ちょっとだけがんばってみてはどうでしょうか。そして**苦しいなあと思ったら、遠慮なく歩きましょう。**

よいお年を

2学期での各学年のがんばりを認め、次への意欲を喚起します。また年末は「よいお年を」「今年もお世話になりました」などの言葉を、具体的な行動を伴って教える絶好の機会です。校長の話でも積極的に触れましょう。

皆さん、おはようございます。
今日で2学期が終わりますね。
2学期は、約4か月あり、一番長い学期でした。この間に様々な出来事がありましたね。
少し振り返ってみましょう。

まず9月ですが、1年生は小学校ではじめての遠足に行きました。牧場の中をグループごとに行動しましたね。
困ったときにすぐに先生に頼らず、友だちと協力しながら活動していました。とても立派でしたね。
ソフトクリームをおいしそうに食べている人もいましたね。

10月には運動会がありました。それぞれの学年が力を合わせ、力いっぱい競技に取り組みましたね。

5、6六年生で取り組んだ応援団は、団長を中心にまとまり、力強い応援を披露しましたね。校長先生は、特に3、4年生が取り組んだダンスが印象に残っています。楽しくリズムよく踊っている姿が、今も思い出されます。

11月には6年生が修学旅行に行きました。1日目の自由行動では、計画通りに電車に乗れない班もありましたが、それから再度活動を見直し、しっかりと集合時刻に間に合いました。そういうふうに何かトラブルがあっても、あきらめずに工夫しながら活動できたのはとてもすばらしかったですね。

12月には音楽集会がありました。今回は2年生と5年生が発表をしましたね。2年生は鍵盤ハーモニカの演奏がとても上手になりましたね。楽しいリズムで、体全体を使って発表していました。5年生は、さすが高学年というきれいな歌声を披露してくれましたね。

さて、いよいよあと少しで、今年も終わりますね。
もう少しで今年も終わりそうだというときにするあいさつを知っていますね。
「よいお年を」ですね。
この言葉の意味を知っていますか。
この言葉の後に、まだ続きがあるのです。どんな言葉が続きますか。
そうですね。「(よいお年を)お迎えください」です。

「お年」とは、なんのことでしょう。

これは「新年」、新しい年ということです。「新しい年を気持ちよく迎えましょう」という意味なのですね。では、新しい年を気持ちよく迎えるにはどうしたらいいと思いますか。

今、「掃除をする」と言ってくれた人がいますね。

そうですね。掃除をして部屋などをきれいにすると、気持ちよく新年を迎えることができます。ですから、学校でも大掃除をしたと思います。皆さんも**自分のできる範囲で家でも大掃除をしましょう。**

他にはどんなことをするとよいでしょうか。

校長先生から提案したいのは、**今年のはじめに立てた目標を、少しでもよいので前進させる、少しでもよいのでやってみる**ということです。

例えば、「元気のよいあいさつを自分からする」という目標を立てた人は、これから年末まで一生懸命にいろいろな人にあいさつをしましょう。

「漢字練習をがんばる」とした人は、1つでも2つでもよいので、もっと漢字を覚えるようにしましょう。そうやって、目標に向かってもうひとがんばりしましょう。そうすると、きっと気持ちよく新年を迎えることができますよ。

それからもう1つ。**今年1年の感謝をいろいろな人に伝えることも、気持ちよく新年を迎えるために大切**ですね。

今日の帰りに交通安全ボランティアさんに会ったら、なんと言えばよいでしょうか。

ただ「ありがとうございました」と言うのではなく、年末だからこそ使う言葉がありますね。

そうです、「今年もお世話になりました」ですね。

皆さん、一緒に言ってみましょう。

そうですね。そうやって元気にあいさつしましょう。

ボランティアさんだけでなく、今日帰るときには先生方にも言いましょう。また家に帰ったら、おうちの人にも伝えましょう。

できそうですか。もう1回言ってみましょうか。

そうですね。とてもいいですね。


今日は、新年を気持ちよく迎えるためにやってほしいことを3つ話しました。
・大掃除をする
・目標を進める
・1年間の感謝を伝える
ぜひこの3つに取り組んでください。

それでは皆さん、どうぞよいお年を！

1つのことを一生懸命に

年頭のあいさつですから、子どもたちが今年もがんばるぞという気持ちになるようなエピソードを語りましょう。小さなことでもしっかりとやることが大切だと聞けば、それならば自分にもできそうだと思う子も多いでしょう。

皆さん、あけましておめでとうございます。
冬休みは楽しく過ごせましたか。どんなことをして過ごしましたか。
初日の出を見た人？
お餅をたくさん食べたよっていう人？
凧揚げをしたよっていう人？
お正月らしいことをした人がたくさんいたようですね。

校長先生は、今日、みんなが元気に登校する姿を見て、とてもうれしくなりました。また、自分から「おはようございます」や「あけましておめでとうございます」とあいさつしてくれる人もたくさんいましたね。さすが、○○小のみんなは、とてもすばらしいなと感心しました。今年も、みんなで笑顔と明るいあいさつの響く学校にしていきましょう。

今日から3学期が始まりますが、今年1年の始まりでもありますね。

1年の始まりに、いろいろな目標を立てる人がいると思いますが、皆さんはどんな目標を立てましたか。また、この後教室に戻ってから、目標を考えるかもしれませんが、どんな目標にしますか。

校長先生から、そのことについて少しアドバイスをしたいと思います。

それは、**何か1つのこと、小さなことでよいので、それを一生懸命にがんばるようにしましょう**ということです。小さな1つのことを一生懸命に取り組むと、いろいろなことに気づいたり、自分の成長を感じたりできます。また、その姿を見ている人からも、この子はすごいと認めてもらえます。

この前、こんな話を聞きました。

三國清三さんというフランス料理の有名なシェフがいます。その三國さんの話です。

この方は15歳のときから地元北海道のホテルのレストランで働き始めたのですが、18歳のときに、もっといい料理人になろうと、東京の帝国ホテルという一流のホテルのレストランで働き始めました。そこの料理長、料理をつくる人の中で一番偉い人ですが、村上さんという人がいました。村上さんはその当時、フランス料理では日本一と言われていた人です。

その村上さんから三國さんは料理を教えてもらおうと思っていたのですが、なんと働き始めると「鍋を洗ってもらうおう」と言われたそうです。

三國さんは北海道のレストランでは人気のシェフだったので、「なんで自分が鍋洗いなんだ」と腹が立ったそうです。

でも、「それなら、最高の鍋洗い、自分しかできない鍋洗いを見せてやろう」と、鍋の取っ手まで外し、夜中までかかって徹底的にきれいに磨き上げたそうです。

次の日に、そのきれいになった鍋をズラーっと並べておいたそうです。

それを見た、村上さんは「きれいに洗えたね」と言ってくれました。それなら、今日こそ料理を教えてもらえると思って、三國さんは「今日は何をさせてもらえますか」と聞きました。村上さんは、なんと答えたと思いますか。

「そうだなあ、今日も鍋を洗ってもらおうか」だったそうです。そうして始まった鍋洗いは、どのくらい続いたと思いますか。

なんと2年間も鍋を洗い続けたそうなのです。

普通の人だったら嫌になってしまいますよね。でも、三國さんは鍋洗いを続けます。それも、ただ続けるだけでなく、絶対に手を抜かなかったのです。来る日も来る日も鍋がピカピカになるまで磨き続けたそうです。

そして料理の方は、鍋を洗う前に、鍋に少しだけ残ったスープなどをなめて、その味を覚えていったそうです。


すると、ある日村上さんに呼ばれて、スイスという国の大使館、そこの料理長をやってもらうと言われたそうです。外国の大使館の料理長になるのはすごいことなのです。

その当時、ホテルには６００人くらいの料理人がいたそうです。ですから、そんなにたくさん料理人がいるのに、鍋しか洗っていない三國さんをそんな大切なところの料理長にするなんて、とまわりはみんな反対しました。

でも村上さんは、こんなふうに答えました。

「あの鍋の洗い方を見れば、三國さんがどんな人なのかがわかる。大切なことを任せられる人間なのだとわかる」

と。

どうでしょうか。鍋洗いだけで、有名シェフに認められたのです。**そうやって精一杯に取り組む姿を見ている人はいる**のです。また、三國さん自身、それを続ける努力ができる人でもあったのです。

皆さんも、この三國さんのように、ちょっとしたことだけど、大切なことを見つけて、それを一生懸命に取り組んでみてはどうでしょうか。

【参考文献】

・比田井和孝、比田井美恵『私が一番受けたいココロの授業』（ごま書房新社）

新1年生保護者説明会

3つのしつけ

新1年生の保護者向け入学説明会でのあいさつですから、まずは、自校の特徴について簡単に説明します。そのうえで、入学までにぜひとも各家庭で取り組んでほしいことをお願いしましょう。

新1年生の保護者の皆さん、本日は入学説明会にご参加くださりありがとうございます。私は校長の○○と申します。どうぞよろしくお願いいたします。

せっかくの機会ですから、ここで私から本校の教育について簡単に述べさせていただきます。

本校は現在児童数１０８４名、学級数は通常学級が32、特別支援学級が４、合計36学級の大規模校です。これは地域では最大規模で、県内でも5本の指に入る大きさです。

これだけ児童数の多い学校ですから、とても活気があります。また子ども同士の切磋琢磨、磨き合いが活発に行われています。様々な人間関係を学ぶこともできます。

一方で、運動会、授業参観など、保護者の皆様にはご不便をおかけすることも多いかと思います。授業の様子等見ていただきたくても、参観者が多くて、十分に見ていただくことができません。その点はあらかじめご了承ください。

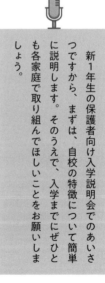

本校では、かしこい子、たくましい子、心豊かな子の育成を目指し、様々な教育活動を行っていますが、その土台として、「あいさつ・へんじ・くつそろえ」という指導を繰り返し行っています。これは、家庭教育のしつけ三原則と言われるものです。「家庭で少なくともこの3つのしつけをしましょう。それが人としての土台になります」という考えです。

本校では、各ご家庭だけでなく、学校でもこの土台づくりに力を入れています。

「おはようございます」と自分からあいさつができる。

「はい」と返事ができる。

そして、脱いだ靴をそろえられる。

靴をそろえられるというのは、後片づけができるということです。

入学まではまだ少し時間がありますので、**ぜひとも各ご家庭でもこの「あいさつ・へんじ・くつそろえ」のご指導をよろしくお願いいたします。**

また、入学前にぜひお願いしたいのが、**お子さんと一緒に通学路を歩き、途中の様子などで気になることはないかなどを確かめておいていただくこと**です。横断歩道の渡り方や、気をつける場所などもあわせてご確認ください。

なお、入学までに心配なことがあれば、遠慮なく学校にご連絡ください。

それでは、お子さんのご入学を楽しみにお待ちしています。

前向きな心のつぶやきを

各学年の活動に触れつつも、メインは6年生ですから、この1年間の思い出を振り返っていきましょう。そして、今後のことを不安に思っている子どもたちに向けて、どうすればよいのか具体的に役立つメッセージを送りましょう。

皆さん、今日は6年生を送る会、全校で一斉に集まる最後の機会でした。

これまで5年生が中心となり、4年生と一緒にこの会を成功させるために一生懸命に準備などをがんばってくれました。おかげでとてもよい会になったと思います。

開会セレモニーでは、6年生が1年生だったころの写真や、お世話になった先生のインタビューなどがあり、6年生も懐かしく思ったのではないでしょうか。クラス紹介では、それぞれのクラスの特徴をわかりやすくまとめてあり、どのクラスもみんな仲がよいことが伝わってきました。

また、1、2、3年生の発表もとても楽しく、感動的でよかったですよ。

在校生の6年生への気持ちがとてもよく伝わってきました。

そして6年生。お礼として発表した合唱がすばらしかったです。卒業式で皆さんの歌声を聞くのがとても楽しみになりました。

いよいよあと2週間で卒業ですね。これまで6年生は学校のリーダーとして様々な場面で活躍してくれました。

陸上大会では、多くの人が入賞するなど立派な成績を残しました。また、選手になれなかった人も自分の体力を向上させようと、熱心に練習に取り組んでいました。

集会ではいつも一番に体育館に入場し、窓を開け、静かに座って待つなど、全校のお手本となってくれました。

運動会では応援団を中心に、三色に分かれて競い合いましたね。優勝は白組、応援賞は赤組でしたが、どの色も一生懸命に取り組むすばらしさを教えてくれました。皆さんの姿にあこがれて、来年は自分たちが応援団として優勝を目指すと言っている5年生もいました。

さて、そんなふうに立派な姿を見せてきた6年生ですが、来月からは中学生です。

中学校でもしっかりやっていけるか心配している人も多いのではないでしょうか。

先月の中学校の体験入学では、非常に緊張している皆さんの姿を見ました。中学校は小学校と様々な面で違いがあります。授業を教えてくれる先生が教科ごとに替わったり、部活動などでの先輩、後輩という関係が出てきたりします。そうしたことから、小学校以上に大変に感じることがあるかもしれません。

そんなとき、どうしたらよいのか。

少し参考になるかもしれない話をしましょう。


世の中にはものすごく大変な訓練を受ける人たちがいます。

例えば、アメリカのシールズという部隊に所属する兵隊の人たちです。非常に難しい任務を行うために、とても厳しい訓練を受けなければそのメンバーにはなれないそうです。どんな訓練だと思いますか。

その人たちは4日間以上寝ることができない状態で、何百キロも走ったり泳いだりします。さらに、水中にもぐったり、飛行機からパラシュートで落下したりもします。こういう訓練を乗り越えた人だけが、正式な隊員になれるのです。

その訓練は250人くらいの兵士が受けていますが、合格する人はどのくらいいると思いますか。なんと、だいたい15人くらいしか合格しないそうです。もともと体力のある兵士たちが受けているのに、たったそれだけしか合格しない訓練なのです。

では、合格する人とそうでない人の違いは何か。それを調べたそうです。

その違いは何だったでしょうか。

それは体力ではなく、**「前向きな心のつぶやき」**だったそうです。

人は1分間に300から1000もの言葉を心の中でつぶやくそうです。

皆さんも、頭の中であれこれ考えますよね。その中には、「よしがんばろう」などの前向きな言葉も、「ああ、いやだな」という後ろ向きな言葉もあるでしょう。

厳しい訓練を乗り越えられた人は必ず、心の中で前向きなつぶやきをしていたそうなのです。後ろ向きなつぶやきの多い人は、訓練を突破できなかったそうです。

どうですか。

「中学校は厳しそうだなあ」と後ろ向きな心のつぶやきばかりしていませんか。その気持ちはわかりますが、無理にでも、「自分は大丈夫だ」と前向きな心のつぶやきをしながら、これから過ごしてほしいなと思います。**つぶやいているうちに、次第に前向きな気持ちになってくるもの**です。

それでも、そう思えないなというときは、今日の在校生の姿を思い浮かべてください。こんなにたくさんの在校生がみんなを応援してくれているのです。きっと大丈夫です。

最後に、在校生の皆さん。6年生が前向きなつぶやきができるよう、精一杯応援しましょう。みんなで、声をそろえて「6年生、がんばってください」と言ってみましょう。

（6年生、がんばってください！）

よい応援ができましたね。6年生が安心して卒業できるよう、これから立派な姿を見せていきましょう。


【参考文献】
・エリック・バーカー『残酷すぎる成功法則』（飛鳥新社）

修了式

ありがとうは有り難い

1年間の締めくくりです。校長の最後の授業だという気持ちを込めて、感謝の大切さを教えましょう。そして、自分たちが学校生活を送れているのは当たり前ではない、ということに気づかせましょう。

皆さん、おはようございます。

今日は今年度の最終日、修了式ですね。

今、各学年の代表に通知表を渡しました。

その通知表の裏には、「修了証書」と書いてあり、校長先生の印鑑が押してあります。

この意味がわかりますか。

「その学年をしっかりやったので、次の学年に上がっていいですよ」という意味です。後で教室に戻ったら、先生から通知表を受け取ると思うので、その裏にある修了証書という部分もしっかり見てくださいね。


さて、代表の3人から今年度1年間を振り返っての作文発表がありました。皆さんにも、いろいろな思い出があることでしょう。

1年生の中には、4月はとても不安そうで、悲しそうにしている人もいました。でも、今ではとっても元気に学校に来られるようになりましたね。

全校の皆さんの中には、図工や運動でがんばって表彰された人もいますね。勉強を一生懸命にがんばった人もいます。遠足では、たくさんの楽しい思い出をつくることができた人も多いでしょう。それから、運動会で活躍した人もいますし、音楽発表会ですばらしい演奏を披露してくれた人もいました。

では、質問です。

そうやって元気に登校できたり、図工などで表彰されたりしたのは、どうしてでしょうか。もちろん、その人自身ががんばったからです。

でも、それだけですか。

他にがんばった人はいないのでしょうか。

そうですね、先生もがんばりましたね。絵のかき方を教えてくれたり、励ましてくれたりした先生がいたことでしょう。

でも、それだけですか。

そうですね。友だちのおかげもありますね。手伝ってくれた友だち、声をかけてくれた友だちもいるでしょう。そういう友だちがいたからがんばれたのですよね。


でも、それだけですか。

そうですね。たくさんのボランティアの方もいました。

どんなボランティアさんがいたかな。

図書ボランティアさんはたくさん読み聞かせをしてくれましたね。また、秋にやった読書まつりでは、楽しい企画をたくさん用意してくれましたね。

3年生は書写ボランティアさんに習字道具の準備や片づけの手伝いをしてもらいましたね。5年生、6年生はミシンボランティアさんに布の縫い方を習いました。

清掃ボランティアさんが、皆さんが使うトイレをきれいにしてくれていたのは知っていますか。

交通安全ボランティアさんは、毎朝皆さんの登校を見守ってくれましたね。

そうした多くのボランティアさんのおかげで、皆さんは楽しく、気持ちよく過ごせていますね。


さあ、これで全部ですか。もういませんか。

そうですね。おうちの方です。おうちの方に毎朝起こしてもらった人もいるでしょう。食事はどうですか。自分でつくっている人はそんなにいないと思います。勉強道具を買ってもらった人もいるでしょう。

そうやって、おうちの人もみんなのためにがんばったのです。

さあ、そのように多くの人がみんなのためにがんばるのは当たり前ですか。やってもらって当然でしょうか。

そうですよね。そんなことないですよね。

当たり前ではない、そういうことを難しい言い方でこういいます。紙に書いてきたので、ちょっと見てください。

「有り難い」

こういうふうに書きます。「ありがたい」と読みます。**あるのが難しい、つまり当たり前ではないという意味**です。

ここから、感謝を伝える言葉ができました。どんな言葉かわかりますよね。

「ありがとう」です。

ぜひ皆さんは、この1年がんばることができたのは多くの人のおかげだということを忘れずに、それは当たり前ではないのだという気持ちを込めて、多くの人に「ありがとうございました」と伝えましょう。

さあ、一度みんなで、「ありがとうございました」と練習してみましょう。

（ありがとうございました！）

そうですね。今日は教室や廊下や帰りの道、そしておうちで、たくさんの「ありがとうございました」が聞こえることを願っています。

皆さん、1年間一生懸命にがんばってくれて、ありがとうございました。

離退任式

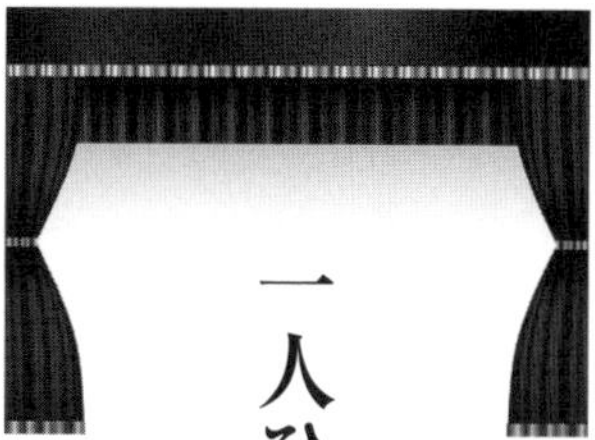

一人ひとりに感謝を

離退任式は、異動、退職する教職員に最後に感謝を伝える大切な場です。一人ひとりに具体的な言葉でその思いを伝えましょう。そうやって教職員を大事にすることが、教師が子どもたちから信頼される土台となります。

皆さん、こんにちは。今日は、これまでお世話になった先生方とのお別れの式です。

〇〇小学校には、何人の先生がいると思いますか。

〇〇小学校には、30人を超えるたくさんの先生がいます。どの先生も、みんなと一緒に勉強したり、いろいろなことを教えてくださったりする大切な先生ばかりです。しかし、先生方は、いつかは他の学校へ行かなければいけないというルールがあります。

今年は、3人の先生方とお別れします。これからお別れする先生方の名前を紹介します。**お別れする先生方と過ごせるのは、今日が最後です。**最後までしっかりと聞いてください。

A教頭先生

教頭先生には2年間、みんなのために授業から校舎の管理まで、学校生活すべてのことに、全力で取り組んでいただきました。またミュージックフェスティバルでは、すてきなギター演奏も披露してくださり、みんなを楽しませてくれたことを覚えていますか。このたび、○○小学校に移られることになりました。今までありがとうございました。

B先生

B先生には、この小学校で6年間、主に高学年の担任をしていただきました。いつもにこにこしている優しい先生でした。また、パソコンがとっても得意で、皆さんにもタブレットの使い方をいろいろと教えてくださいましたね。このたび、お隣の△△小学校に移られることになりました。これまでありがとうございました。

C先生

C先生は、1年間でしたが、4年2組の担任としてがんばってくださいました。休み時間にはクラスの子どもたちといつも鬼ごっこなどをして遊ぶなど、元気いっぱいの先生でした。毎年フルマラソンを走る運動が大好きな先生でもありました。このたび、□□小学校に移られることになりました。ありがとうございました。

先生方が他の学校に移られることは、私たちにとってとても寂しいことですが、新しい学校でのご活躍を心から応援しています。

これまで本当にありがとうございました。

（瀧澤　真）

尋ねながら仕事を進めていきます。３月までの充実した状況から比べれば、学校の総力は落ちているはずなのに、職員室は活力に満ちあふれています。この活力が満ちている間に学校体制を整え、学級をつくり、保護者や地域の皆様と絆を結び、何より子どもとの人間関係を紡ぎたいと思います。

②重点目標「ともにチャレンジする子　自分から友だちと」

本年度は、重点目標「ともにチャレンジする子　自分から友だちと」を軸に教育活動を進めています。一人ひとりが自分のめあてに向かって進んで取り組み、友だちと協力しながら目標にチャレンジしてほしいと願っています。

４月になると花壇の花が一斉に咲き出し、青、赤、黄、ピンクと様々な色で花壇が美しく彩られます。なぜ植物は黒い土の中から芽吹き、真っ黄色の花を咲かせることができるのでしょうか。どうやって目が覚めるような赤を集めてきて咲かせることができるのでしょうか。始業式で、このことを子どもたちに尋ねてみました。ある子は「太陽の光の力なのではないか」、また別の子は「種の中にもともとそうした力があるのではないか」と答えました。

始業式で体育館に集まった○人の子どもたち。壇上から揺れる子どもの頭を見ていると、瑞々しい花の蕾を膨らませているようです。今は、真っ黒に見えますが、本校の子どもたちは、学校という花壇の中でどんな色、どんな形の花を咲かせるのでしょうか。「太陽の光」は保護者や教師の働きかけ、「種の中にある力」はまだ気づいていない自分のもっている素質、と言い換えることができそうです。

子どもたちが、自分らしい色と形を見つけ花を咲かせることができるよう、教職員一同、精一杯努めていきます。

【参考文献】

・八木いくみ「平成24年学校だより　４月号」（静岡市立川原小学校）

付録
学校だよりの巻頭言
話題と文例

April
4月

[4月の話題]

■本年度のスタートにあたって
■重点目標「ともにチャレンジする子　自分から友だちと」
■クラス編成や担任の紹介
■新年度の学校行事予定、昨年度から変更したこと
■AI ドリルを活用した「個別最適な学び」の実現に向けて
■入学式の様子と新入生の歓迎の言葉
■新しい学級での子どもたちの様子
■保護者の皆様へ協力のお願い
■子どもを成長させるための３つのこと

[4月の巻頭言の文例]

①本年度のスタートにあたって

新しい教職員○名を迎え、児童○名、教職員○名で、○○小の新年度がスタートしました。入学式前日には、６年生が早朝から登校して式の準備を行いました。担当の先生の指示に従い、てきぱきと体育館にシートを敷いたりいすを並べたりしました。また、新任の教職員にもさわやかなあいさつをしてくれました。穏やかな笑顔の向こうに本校学区の温かさが垣間見えました。

４月の学校は不思議なところです。育て上げた６年生を送り出し、地域や保護者とつながった教職員が異動したかわりに、学校のことを何１つ知らない教職員を迎え、お互いの名前もうろ覚えの中で基本的なことを一つひとつ

自分の特技が何であるか、今ははっきりわからない子どももいるでしょう。しかし、小学校・中学校・高等学校と様々なことを経験する中で、自分に授けられた魔法の輪郭が次第に見えてくるはずです。

学校の成績は、満遍なくできないとよい評価にはつながりません。例えば体育の技能なら50m走、水泳、マット運動、ボール運動…と、すべてに優れていなければいけません。しかし、人生は違います。文字が上手、人に優しい、漫画がかける…など、何か１つ得意なことがあれば人を幸せにできます。自分のよさを見つけ伸ばしていくことが、自分やまわりの人の幸せにつながります。子どもたちの魔法を見つけ、一緒に伸ばしていきましょう。

②子どもの心に故郷を

春の遠足で○○川に出かけました。水はまだ少し冷たかったのですが、子どもたちは魚を見つけたり、きれいな花を摘んだりしました。広場で存分に遊び、帰り際には「今日は一番の思い出ができた」という声が聞こえてきました。どういう“一番”なのかはよくわかりませんでしたが、その言葉を聞き、うれしくなりました。野や山は、教員が教えられないことを、その自然の姿を通して子どもに伝えてくれます。こうした体験を大切にしたいと考えています。

故郷というのは、野や山などの自然や日常の生活に根差し、心に強く残る思い出そのものです。本校では、「故郷で」地域の素材を題材に「故郷を」学んでいます。こうした地域の「ひと・もの・こと」を生かした学習が各学年で展開されています。

大人にとって故郷は過去のものですが、子どもの故郷は未来にあります。子どもは過去を少ししかもたないかわりに、未来をたくさんもっています。子ども時代に様々な経験を積み重ねることが子どもの基盤をつくり、懐かしく思い浮かべる故郷の光景になります。

柔らかな子どもの心に感動を刻み、大人になったとき、この地域や学校がすてきな心の故郷になるよう精一杯努めたいと思います。

May

5月

[５月の話題]

- ■あなただけの魔法
- ■子どもの心に故郷を
- ■１年生を迎える会で見つけた子どものすてきな姿
- ■春の遠足は学級づくり
- ■生活習慣（早寝早起き、宿題の取り組み方）の確立を
- ■運動会に向けた練習の様子
- ■定期健康診断と医療機関受診のお願い
- ■ゴールデンウィークの過ごし方
- ■家庭でできる子どもとのコミュニケーション方法
- ■子どものやる気を起こす言葉かけ

[５月の巻頭言の文例]

①あなただけの魔法

子どもを見ていると、だれもが特技をもっていると感じます。足が速い、計算が得意、イラストが上手、にっこりとあいさつができる、人の心の痛みがわかる…などなど。だれにも得意なことがあり、他の人から見たら真似のできない魔法のように見えることすらあります。

私たちは全部の魔法を使える優等生にはなれませんが、だれにも負けない特技を１つか２つ、他の人の笑顔のために使えたら、きっと自分も笑顔になれるはずです。

これとは逆に、長所は大いに伸ばしていきたいものです。長所は、他の人から見たら「なぜできるのだろう」と魔法のように見えるかもしれません。私たちは、すべての魔法を使える優等生にはなれませんが、だれにも真似できない魔法を１つか２つだれかの笑顔のために使えたら、きっと自分も幸せになれると思うのです。

それぞれに尊敬される長所と愛するべき短所をもった子どもたちが集まった学校を、ともによりよいものにしていきましょう。

② AI がますます進む世の中で私たちができること

ChatGPT をはじめとする生成 AI が話題となっています。この AI はレポートや作文、描画など、様々に活用されているそうです。先日、みそ汁の上澄み液は水溶液なのかという議論がありました。そこで、ChatGPT に尋ねてみると、小学生向けや中学生向けなど、学年に合わせたわかりやすい解説文が生成され、驚きました。また、校長あいさつの原稿も書かせてみました。こちらはそつのないあいさつ文でしたが、だれがどこで話してもよいようなおもしろみに欠ける内容で、AI には人の心を動かすような文章作成は苦手なのだとわかりました。感情がないのですから当たり前ですね。

さて先日、これからの子どもたちに必要な力について、地域の皆さんと話し合う機会がありました。そこでは、体験や活動、人とのつながりを大切にしてほしいという意見が出されました。

人が相手に伝えるものは単なる情報だけではありません。私たちは、今、目の前にいる「この人」に伝えたくて話をしますが、それは自分の感じたことを込めた自分らしさの発露であり、個々の魅力や個性が含まれたものだと言えます。自分の思いを伝えることの必要性は何年経っても揺るぎないはずです。私たち学校や地域ができるのは、AI の苦手な感動を伝えたいという思いをもてる子どもを育てていくことではないかと思います。

【参考文献】

・森沢明夫『癒し屋キリコの約束』（幻冬舎）

June

6月

[6月の話題]

- ■人は長所で尊敬されて、短所で愛される
- ■AI がますます進む世の中で私たちができること
- ■交通安全教室や避難訓練の報告
- ■水泳指導と安全への配慮
- ■インターネットや SNS の安全な利用
- ■性についてどう伝えるか
- ■梅雨の時期の健康管理
- ■子どもの成長に欠かせないサンマ（時間・空間・仲間）とは
- ■自分を支えてくれる言葉をもとう
- ■ほめられて育ち、叱られて伸びる

[6月の巻頭言の文例]

①人は長所で尊敬されて、短所で愛される

子育てに限らず、何かを育てるときには、長所より短所に目が向きがちです。しかし、短所を直すことに終始してしまったら、その子らしさが失われて、愛すべき点まで覆い隠されてしまいます。短所は絶対に直すべきものではなく、理解してもらったうえで「しょうがないなあ」と許されるものと考えたらどうでしょうか。大切な人に短所を愛してもらえるからこそ、子どもは自分の短所を認めることができます。欠点は「改めるべき欠けている点」なのではなく、「愛されるためには欠かせない点」なのだと思います。

課題であってもあきらめることなく最後までやり遂げて頼もしく思いました。

国立青少年教育振興機構による「青少年の体験活動等に関する意識調査（令和元年度調査）」によれば、自然体験や生活体験が豊かな群ほど自己肯定感が高く、自立的行動習慣や探究力が身についている傾向にあることがわかったそうです。子どもたちのチャレンジしている姿から、自己肯定感や探究力が身についたことを実感しました。ここで養った力を、今後の学校生活につなげていきたいと思っています。

②短冊に書く願い事とその意味

もともと七夕は、旧暦の７月７日に行われていました。国立天文台では二十四節気の処暑以前で、処暑に最も近い新月から数えて７日目を「伝統的七夕の日」としています。

七夕伝説では、織姫が月の舟（半月）に乗って天の川を渡ります。月は、数日かけて織姫星から彦星の方へ位置を変えていくため、織姫が月の舟に乗って彦星に会いに行く話になったのでしょう。月をささ舟に見立てると、半月の舟に乗った織姫は、年に一度彦星に会いに行くことになります。

私たちは七夕飾りに願い事を書きますが、目標を書く場面は学校生活の中にも多々あります。例えば、始業式、お正月、行事の前などです。願いをかなえるために目標を書くことは、達成するかどうか関係ないように思えますが、目標を書いた人の方が成功する可能性が高いのです。

『メンタル・マネージメント　勝つことの秘訣』（ラニー・バッシャム、藤井優）という本には、オリンピックで金メダルをとるための秘訣が書かれています。オリンピックで金メダルをとるには実力も大切ですが、心のもち方が大切になります。勝者の心のもち方を簡単にいうと、①目標をはっきり決め、②それを紙に書き、③すぐに行動を始める、ことなのだそうです。

七夕の短冊は、このうちの①と②を具体化したものです。このように考えてみると、七夕祭りに願いを短冊に書くというのは、何か意味のあることに思えてきます。

July

7月

[7月の話題]

■ともにチャレンジした海の自然教室
■短冊に書く願い事とその意味
■コミュニティスクールで地域とともに歩む学校づくり
■登下校の熱中症、暑さ対策
■「鳥の目」と「虫の目」で見る
■海の大切さと環境保護
■家族での登山や自然散策のすすめ ―― 家族で過ごす時間の大切さ
■普段できない体験のチャンス ―― 夏季休業中に育成したい子どもの力
■全力で努力したから、その涙には価値がある
■短所に目をつむり、先に伸ばせるところを伸ばそう

[7月の巻頭言の文例]

①ともにチャレンジした海の自然教室

先日、4年生が海の自然教室に出かけました。子どもたちが一致団結し、ともにチャレンジした2日間でした。海洋活動のカヌーでは、向かい風の中、なかなか前に進めないときもありましたが、オールをこぎ続けて自分たちの力だけでゴールすることができました。

夜のキャンドルファイヤーでは、火の神から「信頼」「協力」「希望」の火を受け取り、全員のロウソクに火が灯る様子は幻想的な光景でした。翌日のチャレンジラリーでは、出された課題に班で協力して挑戦しました。難しい

っていきます。

見栄えをよくするために運動会や学習発表会で洪水のような練習を子どもに強いていないだろうか。だれのために発表会はあるのだろうか。そんなことを常に自問自答しています。「ほんもの」と「にせもの」は見えないところの在り方で決まります。私たちは、子どもの根を養いたいと思っています。根を養えば、樹はおのずから育ち、輝くと信じています。

②この夏の出来事 —— つながる想い

この夏休みに科学の祭典が開かれました。科学の祭典とは、中高生や科学愛好家の皆さんが不思議な実験やおもしろい科学工作などのブースを出展する、夏休み恒例の“科学のおまつり”です。私は、この科学の祭典のお手伝いをさせていただいています。

今年はうれしい出来事がありました。それは、以前勤めていた学校の子が高校生になり、出展者として参加してくれたことです。祭典の当日、突然１人の女子高校生から声をかけられました。成長した姿に最初はだれかわかりませんでしたが、話をしているうちに、スライムの実験がお気に入りだった子であることを思い出しました。「同級生の○○さんも明日来ます」と聞き、○○さんが目を輝かせて実験していた姿も目に浮かびました。この子たちは、地球の自転をテーマにした科学工作を出展していました。祭典中は忙しそうで声をかけられる雰囲気ではありませんでしたが、いきいきとした表情で、訪れた子どもたちを楽しませていました。

小学生のころに感じた「楽しい！」「不思議！」が、時を経て今度は「子どもたちを楽しませたい！」「不思議さを伝えたい！」に変わり、科学の祭典に戻ってきてくれました。立場は違っても、科学の不思議さや感動（センス・オブ・ワンダー）を共有する仲間です。私がこの子たちに伝えたかったことが、時を超えてつながったようでうれしくなりました。


【参考文献】

・東井義雄『東井義雄詩集』（探究社）

September

9月

[9月の話題]

■子どもの「根」を養おう

■この夏の出来事 —— つながる想い

■地域とともに歩む学校を目指して —— コミュニティ・スクール

■防災訓練と児童の引き取り

■いじめの防止と学校の組織的な対応

■祖父母とのコミュニケーションの大切さ

■体験のある知識がひらめきを生む

■家庭での学習サポート方法

■「いいこと」が起きる子どもの習慣

[9月の巻頭言の文例]

①子どもの「根」を養おう

前期の終了式で通信表を子どもたちに配りました。教育において、数値で測定できることはほんの一部です。はっきりと目に見え、かつ測ることができるものに限られ、目に見えなくて測れないものも多々あります。

私たちが大切にしたいことは、見えないところの在り方です。子どもを育てることは、樹木を育てることに似ています。花を咲かせるためには、見えるところばかりに手を入れても意味がありません。目に見えない土を耕し、根を育てなくては、よい花は咲きません。「にせもの」に限って見えるところばかりを気にして飾ります。そしてますます「ほんとうのにせもの」にな

も必ず針が天極を指すように、私たちが常に目を向けておくべきは「子ども」です。子どものために学校があり、教師がいます。決してこの逆ではありません。変わり続ける学校の中で、焦点を「子ども」にしっかり合わせ、変わり続ける○○小でありたいと思います。

②チーム担任制――たくさんの目で子どもを“みる”

先日より「ローテーション道徳」という取組を始めました。校長、教頭を含む全教職員がローテーションを組み、各クラスに入り、交替しながら道徳の授業を行っています。全校児童のことを教職員全員が知ることで、複数の目で観察したり、子ども理解を深めたりすることができると考えています。その子がどんな子かわかっていれば、問題が起きたときに担任１人で対応するのではなく、複数の教職員で対応することができます。

私は先日、５年生で授業を行わせていただきました。この日は、気持ちの上手な伝え方をテーマにしたのですが、同じことを伝えるにしても、相手を嫌な気持ちにさせてしまう言い方と、にっこりと返事ができる言い方があることを子どもたちと一緒に考えました。

私は、毎朝門のところであいさつしながら、子どもの顔と名前を少しずつ覚えていきました。挙手した子を直接名前で呼べるようになったことは大きな喜びです。あいさつのときも「○○さん、おはよう」と名前をつけると子どもたちの反応の仕方が違います。名前をつけて呼びかけると、しっかりと返事をしたり、話をしてくれたりします。

すべての教職員がしっかりと子どもと関わり、困ったことがあれば手を差し伸べたいと考えています。また、子どもの側からすれば、話しやすい先生に相談できることで、いち早く問題に気づき、一人ひとりに応じた支援をチームとして行うことができます。

“みる”には「見る」「診る」「視る」「観る」「看る」といろいろな漢字がありますが、たくさんの目と様々な“みる”で、子どもたちを育みたいと思います。

October
10月

[10月の話題]

■変わり続ける学校の中で

■チーム担任制――たくさんの目で子どもを“みる”

■学校評価アンケート（前期）の結果

■ハロウィンを通して知る異文化理解

■体験的に学ぶことにより培われる心の力

■読書の秋、スポーツの秋、芸術の秋

■月を愛でる―― 美しいものの中にあるもの

■合唱コンクールを通して育てたいもの

■視点を変えるとプラスとマイナスは入れ替わる

■子どもの挫折は、立ち直る力を育てるチャンス

[10月の巻頭言の文例]

①変わり続ける学校の中で

私は、平成○年度に初任者として採用され、その多くを小学校の現場で過ごしてきました。その間、常に「教育改革」が叫ばれ、次から次へと施策が打たれてきました。令和時代になり、このスピードは一段と増したように思います。

昭和時代に建てられた校舎は外観こそ当時のままですが、教育内容は時代の要請に応じて激しく変わり続けています。時に現場は「教育改革」に振り回されていると思うことさえあります。しかし、方位磁針がいくら回されて

文部科学省は、令和２年度に体験活動がその後の成長に及ぼす影響を分析し、その関連性を明らかにしました。特に、小学生のころに体験活動の機会に恵まれていると、高校生になって自尊感情が高くなる傾向が見られることがわかったそうです。他にも外向性、精神的回復力、将来に対して前向きになるといった項目の得点が高くなる傾向が見られました。今回の修学旅行の体験が、子どもたちの自尊感情の高まりにつながることを信じています。

②未来を自分の手でつかむ

秋晴れのもと、さわやかな気候の中で運動会を実施することができました。たくさんの声援をありがとうございました。徒競走でスタートラインに立つ子どもの姿はよいものです。露を含んだ花の蕾のように輝き、そこには勝ち誇る傲慢さも敗者の失意もありません。謙虚さと少しばかりの不安、みずみずしい希望と未来に挑むたくましさが混然一体となり子どもの中で燃えています。内なる炎を放ちながら一人ひとりが美しくたたずんでいました。

日々生活をともにし、よく知っていると思っている子どもが、知らないところで努力した姿を見せてくれることに私たちは感動します。家庭では見せない（見ることができない）仲間と心１つにして取り組む真摯な姿は、見る者の心を打ちます。自分だけでは成し得ないことを、仲間とともにチャレンジしたことで、すばらしい演技となりました。

さて、前後期の折り返しの式で、子どもたちに「挑戦」の「挑」について話をしました。「挑」は「てへん」と「兆」に分解でき「てへん」は手、「兆」には未来という意味があるのだそうです。ですから「挑」は、未来を自分の手でつかむということになるのですが、運動会での姿を見ていると、子どもたちは確かに輝く未来を自分の手につかんだと感じました。

November 11月

[11月の話題]

■本物体験がもたらすもの――修学旅行における学び

■未来を自分の手でつかむ

■就学時健康診断と児童の手伝い

■学校創立○周年記念式典によせて

■働くことの意味を知り感謝の気持ちをもとう

■七五三のお祝いの意味と子どもの成長

■子どもの進路について

■文化・芸術に触れる――家庭でできる文化的な体験を

■子どもと上手につき合える言葉

■幸福感は学歴や収入より自己決定の度合いで決まる

[11月の巻頭言の文例]

①本物体験がもたらすもの――修学旅行における学び

先日の修学旅行では、グローバルゲートウェイ、東京タワー、国会議事堂、江戸風鈴の絵つけ体験等に出かけました。中でもグローバルゲートウェイは体験型英語学習施設で、６人に１人ずつ外国人の先生がつき、オールイングリッシュで日常生活やメディアリテラシー、おもてなし文化について体験的に学びました。子どもたちからは「修学旅行はここだけでもいい」「また来たい」との声が上がるほどでした。浅草では昼食のお店を事前に調べて予約するなど主体的に協力しながら行動したことが大きな自信につながりました。

です。こうした「大地」と「風」の相互作用によって次世代を担う人材を輩出することができるのです。

その意味で、地域と教職員は互いに知恵を出し合い、力を結集して「おらが学校」をよりよいものにしていかなければなりません。本校創立○周年記念式典は、地域の未来のために「大地」と「風」が一体となって取り組む好事例となりました。一緒に本校を盛り上げていきましょう。

②挑戦と失敗の次にあるもの

本校の子どもたちは、日々挑戦を行っています。参観会では、秋のお店屋さん、ふるさと学習（総合的な学習の時間）の発表、育てたお米や野菜を使った調理実習、おいしいお茶淹れなどにチャレンジしました。保護者や地域の皆様にそうした学びの成果を見ていただくことができうれしく思います。

しかし最初からうまくできたわけではありません。おもちゃが壊れてつくり直したり、発表の資料がまとまらずやり直したりと、失敗を繰り返してきました。最初から確実にできることを行うのなら失敗はしません。成功しないかもしれないけれど、挑戦することに価値があるのだと思います。あきらめずに何度もチャレンジするところに成長の伸びしろがあるからです。

子どものチャレンジに対して、大人は結果だけで判断しがちですが、挑戦と失敗の次にある学びこそが大切です。ですから「失敗する」は「挑戦する」と同じ意味になるのでしょう。

育てるということは、子どもに挑戦の機会を与えることです。たとえ失敗しても、次のチャレンジを通して新しい可能性が広がります。他の子どもたちの経験に耳を傾け、失敗と挑戦から得る学びが成長につながります。挑戦と失敗は、子育てに欠かせないものだと考えています。

December

12月

[12月の話題]

■地域は「大地」、教職員は「風」

■挑戦と失敗の次にあるもの

■電子メディアと上手につき合うために

■風邪の予防

■年末の振り返りと新年の準備

■１年間の振り返りと感謝の言葉

■クリスマスやお正月の過ごし方

■「サンタクロースはいるの？」と聞かれたら

■グローバル時代を生きる子どもに必要な力

■「やることリスト」で達成感をもたせよう

[12月の巻頭言の文例]

①地域は「大地」、教職員は「風」

地域の宝（＝子ども）が学ぶ学校は、地域の皆様のものです。地域に学校がある限り、未来の地域をつくる人材が育まれます。地域の方々は学校の「大地」、そして校長をはじめとする教職員は地域の学校を吹き抜ける「風」だと思っています。「風」は「風」の分をわきまえなくてはなりません。

地域の皆様が「大地」を耕し続ける限り、学校はしっかりと根を張っていけます。たとえ大きく揺れ動いても、必ず立ち直ることができます。「風」の仕事は、時流に合った教育ができるよう「大地」の改良を手助けすること

そのかけがえのない１人が、もう１つのかけがえのない人生に出会うことで、新しい可能性が生まれます。人と人の無数の出会いは、一度しかない人生を形づくり彩りを添えることでしょう。新しい人と出会い、新しい何かを生み出す年にしていきたいですね。

②伝統をつないで

麗らかに令和○年が始まりました。本年もよろしくお願いいたします。地域、保護者の皆様におかれましては、ご家族とともに新たな年を迎えられたこととお慶び申し上げます。今年は、旧年に増して笑顔の多い年にしたいものです。学校では年度の最終ステージが始まりました。「１年間のまとめ」という意味で本校のすべての子どもにとって大切な時期になります。１年間を振り返ったとき、成長したと思えるように教職員一同で指導して参ります。

さて私は、自分が住む町内で氏子を務めています。この年末年始は、初詣の務めを果たしました。神社の清掃、祭事の準備、甘酒やお汁粉のふるまい、お札の販売と、慌ただしく過ごしました。昨年６月の田植え後には、神事（縁日）が行われ小学生が巫女舞を披露しました。秋にも収穫後の神事（縁日）があり、夜店の屋台が並びました。記録によると、神社は慶長年間に建立されて、430年ほど経つのだそうです。こうした営みが営々と続けられていることに伝統の重みを感じます。

さて、学校も伝統を引き継いでいるのですが、学校というのは不思議なところです。わずか数年で全員が入れ替わり、知らない人ばかりになります。しかし、そこには先輩から受け継ぎ、取り組んできたものが「伝統」として教育活動のあちこちに残っています。その姿を見ていると、同じ時代をともに過ごしたかけがえのない時間や胸の内に刻まれた美しい風景が校舎の向こう側によみがえります。

January 1月

[1月の話題]

■新しい何かが生まれる
■伝統をつないで
■新しい年を迎えた新年のあいさつと抱負
■冬休みの成果報告
■お年玉や七草粥の意味と由来
■日本人が大切にしてきた書き初め
■出会いに期待する心は幸福を探す心
■成人になることの意味と責任
■子どもたちは未来の担い手
■「しつけ優先」から「許す」子育てへの転換で親も子も幸せになる

[1月の巻頭言の文例]

①新しい何かが生まれる

雪と花を貼り合わせたら「風花」になります。雨粒と太陽の光が重なると「虹」が現れます。星のかけらが地球の大気を横切れば「流れ星」になります。1＋1がいつも2になるわけではありません。雪も花も雨も星もそれ自身は独立した存在ですが、違うものに出会うことで新しい何かが生まれます。

きっと人も同じだと思うのです。一人ひとりはかけがえのない存在です。他のだれとも違います。一人ひとりは、その人にしかない特長をもち、性格をもち、好みをもっています。

好きなことを行う夢中になれる時間が、やがて将来の夢につながります。好きなことをよく見つめると、自分がどんな人生を送りたいか、どんな大人になりたいかが、はっきりしてきます。大切なのは、好きなことがあるかどうかです。

こんな話をすると、「自分には好きなものがない」とがっかりする子がいるかもしれません。しかし、心配することはありません。きっとまだ、好きなことに出合っていないだけなのです。実は、大好きなことを見つけて、ただひたすらに取り組める人の方が少ないのです。今のうちにいろいろなことに挑戦し、夢中になれることを１つでも多く見つけたいですね。

②変わらないために変わり続ける

先日、３回目の資源回収が行われました。回収の合間に業者さんと話をしていると、生き残りのために今までとは違う仕事内容を取り入れていかなくては…と話をされていました。デジタル化が進む中で、業務の見直しを迫られていることを知りました。

私たち○○小も、昭和、平成の時代と比べて随分様変わりしました。最も変わったのは児童数です。昭和○年に○名だった児童は、現在○名となりました。それに応じて○名以上いた教職員も現在は半数以下となりました。

国の施策により、ほぼ10年ごとに教えるべき教科・内容が増え（生活科、総合的な学習の時間、外国語、プログラミング、特別の教科「道徳」）、近年はGIGA スクール構想による情報端末の活用やリモート授業が求められています。

教職員数が減り、するべきことは年々増える中、学校が大切にすることを見失ってはならないと思っています。学校は子どもが自立し、豊かな人生を送ることができる基礎を培い、豊かな学びと成長を保障する場でなければなりません。これは時代や社会情勢が変わっても揺らぐことはありません。学校も激しく変わる時代の中で、学校が学校であるために変わり続けていきたいと考えています。

February

2月

[2月の話題]

■好きと出合い続ける

■変わらないために変わり続ける

■進級・卒業に向けての準備

■地域に開かれた学校として

■人権週間や道徳教育の取組

■6年生ありがとうの会に向けて

■どこかに生まれている春

■変化に対応できる能力を育てる

■君にとっての鬼は何？　福は何？

■子育てを楽しむ「楽勉」のすすめ

[2月の巻頭言の文例]

①好きと出合い続ける

「あなたには今、将来の夢がありますか？」と聞かれたとき、答えに困る子がいるかもしれません。「今すぐに将来の夢を決めなさい」と言われたらきっと子どもは困ってしまうでしょう。慌てて夢を決める必要はありませんが、自分の好きなことを見つけてほしいと思っています。将来の夢は、突然見つかるわけではありません。将来の夢は、今自分が好きなことを積み重ねたその先にあるものです。どんな「好きなこと」も職業として存在していますから、「好きなこと」の最初は何でもよいのです。

６年生ありがとうの会を振り返ったときに、ふと「『こころ』はだれにも見えないけれど『こころづかい』は見える」という宮澤章二さんの詩の一節を思い出しました。在校生一人ひとりの卒業生への心づかいと、６年生一人ひとりの在校生への心づかいが体育館いっぱいに広がり、温かい雰囲気に包まれたのだと思います。また同時に、準備と運営を任された５年生は「今の６年生を目標にがんばりたい」と、６年生との遊びの企画、プレゼントの準備、思い出スライドの作成など、次期リーダーとしての心意気を示してくれました。心と心がつながるすばらしいひとときになりました。

②名前に込められた祈り

卒業式が近づき、式の練習が始まりました。卒業式では、一人ひとりの名前を呼んで証書を渡します。名前は、この世に生まれたとき親から与えられる最初の贈り物です。それは単なる呼び名ではなく、若き日の両親が子どもに託した希望と夢、そして幸せを願う心を込めたプレゼントです。

親はもちろん、家族や友人たちからその名前を呼ばれることで、その子の存在は認められ、祝福されてきました。名前はただの音ではなく、美しい祈りの響きなのです。

この卒業という節目のときを迎えた喜びを、祈りを捧げ合った多くの人とともに分かち合いたいと思います。卒業証書を手渡すとき「あなたは、かけがえのない存在なのだよ」と語りかけ、祝福を捧げようと思います。

（森竹高裕）

> 名前は祈り
>
> 毛里　武
>
> 名前はその人のためだけに
> 用意された美しい祈り
> 若き日の父母が
> 子に込めた願い
>
> 幼きころ 毎日、毎日
> 数えきれないほどの
> 美しい祈りを授かった
>
> 祈りは身体の一部に変わり
> その人になった
>
> だから 心を込めて呼びかけたい
> 美しい祈りを

March

3 月

[3月の話題]

■心と心を伝え合った、6年生ありがとうの会
■名前に込められた祈り
■卒業式を迎えた6年生へのエールと感謝の言葉
■年度を締め括るにあたって
■Society5.0と新時代を生きる力
■東日本大震災の教訓 ―― 非常災害時の対応
■春休みの過ごし方と新学年に向けた準備
■新入生を迎える保護者に向けてのメッセージ
■啐啄同時（そうたくどうじ）―― 親は子どもに合わせて手を差し伸べる
■子どもは親の言う通りには育たない、親のする通りに育つ

[3月の巻頭言の文例]

①心と心を伝え合った、6年生ありがとうの会

在校生が6年生への感謝の気持ちを伝えようと「6年生ありがとうの会」が開かれました。どの学年も心のこもった出し物で温かい気持ちになりました。会の中では、たくさんの「ありがとう」が交わされました。「一緒に遊んでくれてありがとう」「優しくしてくれてありがとう」「私たちのためにがんばってくれてありがとう」。まさに喜びを伝える言葉です。1年生からの呼びかけに思わず涙ぐむ6年生の姿もありました。この1年間で築かれた絆が偲ばれる美しい光景でした。

【執筆者一覧】

佐藤　幸司（東北芸術工科大学）

佐藤　俊幸（熊本市教育センター）

藤木美智代（千葉県船橋市立大穴小学校）

俵原　正仁（兵庫県芦屋市立浜風小学校）

間嶋　　哲（新潟県新潟市立新津第一小学校）

瀧澤　　真（千葉県袖ケ浦市立蔵波小学校）

森竹　高裕（静岡県静岡市立安倍口小学校）

【編者紹介】
小学校スクールマネジメント研究会
（しょうがっこうすくーるまねじめんとけんきゅうかい）

小学校長のための入学式・卒業式&行事のあいさつ集

2025年２月初版第１刷刊 ©編　者 小学校スクールマネジメント研究会
発行者 藤　原　光　政
発行所 明治図書出版株式会社
http://www.meijitosho.co.jp
（企画）矢口郁雄（校正）大内奈々子
〒114-0023 東京都北区滝野川7-46-1
振替00160-5-151318 電話03（5907）6701
ご注文窓口 電話03（5907）6668

＊検印省略 組版所 長野印刷商工株式会社

Printed in Japan ISBN978-4-18-781620-3